Alfons Miethaner

Umwelterziehung in der Grundschule: Wasser, Wald und Wiese

Informationen
Aktionen
Materialien

Oldenbourg

PRÖGEL PRAXIS: UNTERRICHTSMATERIAL

© 1991 R. Oldenbourg Verlag GmbH, München

Das Werk und seine Teile sind urheberrechtlich geschützt. Jede Verwertung in anderen als den gesetzlich zugelassenen Fällen bedarf deshalb der vorherigen schriftlichen Einwilligung des Verlages.

2. Auflage 1993

Herstellung: Fredi Grosser
Grafiken: Karin Miethaner-Vent
Satz, Druck und Bindung: Schneider Druck GmbH, Rothenburg ob der Tauber
Umschlaggestaltung: Mendell & Oberer, München, unter Verwendung eines Fotos von IFA-BILDERTEAM
(Mielmann), München

ISBN 3-486-**98607**-4

Inhaltsverzeichnis

Einführung 4

1. Kapitel: Wasser

Wasser erleben 5
KV 1 Leben am und im Gewässer 6
Amphibien 7
KV 2 Wir unterscheiden verschiedene Lurche 9
Forschen 10
KV 3 Was lebt in unserem Schulteich? 11
KV 4 Wassertiere 12
KV 5 Was wächst in unserem Schulteich? 16
KV 6/7 Wasserpflanzen 17/18
KV 8 Wasserpflanzen-Rätsel 19
Spielen 20
Basteln 22
Ideenkiste 23
Weißt du, daß alles sprechen kann? 25

2. Kapitel: Wald

Unterrichtsgang 26
KV 9 Leben im Wald 27
Waldrallye 28
Spielen 28
KV 10 Laufzettel für die Rallye 29
KV 11/12 Blätter und Früchte von Waldbäumen 30/31
Forschen 34
KV 13 Wir untersuchen den Waldboden 35
KV 14 Warum sind Pilze für den Wald so wichtig? 36
Basteln 37
Ideenkiste 40
Ein Hümpel Moos 42

3. Kapitel: Wiese

Wiese erleben 43
Leben auf der Wiese 44
KV 15 Ein Stück Wiese 46
Spielen 47
Pflanzennamen 47
KV 16 Blumen auf der Wiese 49
KV 17/18 Wiesenblumen 50/51
Forschen 52
KV 19 Wir beobachten eine Schnecke 53
KV 20 Schmetterlinge 56
KV 21 So entwickelt sich ein Schmetterling 57
Basteln und Gestalten 58
Ideenkiste 59
Tau fällt auf die Wiese 61
Silberne Laternchen 62

Literatur 63

Einführung

Folgende pädagogischen Überlegungen und Erfahrungen liegen dem vorliegenden Buch zugrunde:

Lernen vor Ort

Martin Wagenschein hat mit seinem Aufruf „Rettet die Phänomene" darauf hingewiesen, daß es darauf ankommt, die Dinge selbst zu befragen und sich nicht mit deren Abbildern oder mit dem, was andere über sie erzählen, zu begnügen. Für die Umwelterziehung bedeutet das: Die Kinder müssen vor Ort lernen. Das mag unbequemer erscheinen als im Klassenzimmer, wo alles planbar ist, wo wir „alles im Griff haben", wo uns kein Regenguß naß machen kann, und wo kein Tier davonläuft und dann nicht mehr zu sehen ist.

Im Klassenzimmer bleiben wir vor der Peinlichkeit bewahrt, daß uns ein Kind eine Blume unter die Nase hält und wir zugeben müssen, daß wir sie nicht kennen.

Aber Wissen, das nicht in eigener Erfahrung und eigenem Erleben und Sehen wurzelt, bleibt toter Ballast. Die Wirklichkeit vor der Schulhaustüre hat eine Erlebnisqualität, die durch Bilder, Dias und noch so gute Filme nicht zu übermitteln ist. Wir müssen den Kindern daher Gelegenheit geben, Tiere und Pflanzen direkt kennenzulernen, ohne daß wir beim bloßen Betrachten stehenbleiben wollen.

Mut zum Handeln

Unser Ausgangspunkt sollte zuerst das Schöne in der Natur, die „*heile Welt*" sein. Davon ausgehend sind die Kinder in der Lage, Trauer und Wut über zerstörte Natur zu empfinden. Zeigen wir nur tote Fische, stinkende Müllhalden und zerstörte Wälder, so erzeugen wir Mutlosigkeit. Gerade auf den Mut zum Handeln aber kommt es an. Die Kinder sollen sehen, daß sie durch ihr Tun in der Lage sind, zumindest im Kleinen etwas zu ändern. Es muß uns gelingen, bei allen Themen der Umwelterziehung Handlungsmöglichkeiten anzubieten. Unser Tun darf sich nicht im Reden über Umweltprobleme erschöpfen.

Die Kinder sollen aber auch erkennen, daß es für Umweltprobleme keine einfachen Lösungen gibt, und daß sich auf diesem Gebiet unterschiedliche Interessen artikulieren.

Spielen und Entdecken

Das Spiel gilt als eine Urform der Bildung. Im Schulalltag kommt es aber häufig zu kurz. Es wird ein künstlicher Gegensatz zwischen Arbeit und Lernen einerseits und Spiel andererseits gesehen. Das Spiel sollte jedoch ein *integratives Element* des Schul- und Unterrichtsbetriebes sein und als pädagogische Chance begriffen werden. Eingefangen von der Spielsituation entwickeln die Kinder *emotionale und geistige Kräfte,* die ihnen ein bloß belehrender Unterricht nicht zu geben vermag.

Für unseren Erfolg als Pädagogen ist es nicht entscheidend, daß die Kinder nur möglichst viel Wissen erwerben. Wichtiger ist vielmehr, daß sie eigenes Interesse an den Gegenständen des Unterrichts entwickeln, sich mit zupackendem Optimismus für das interessieren, was um sie herum vorgeht, und daß sie bereit sind, allem Lebendigen mit Achtung zu begegnen.

All dies ist nur möglich, wenn die Kinder möglichst oft Gelegenheit erhalten, eigene Erfahrungen zu sammeln, selbst etwas zu entdecken und zu experimentieren, selbst Informationen zusammenzutragen und aufzuschreiben. Zeit und Geduld, die wir für die *Selbsttätigkeit* der Kinder aufbringen, werden mit aktiven und aufgeschlossenen Schülern belohnt.

Zum Material in diesem Buch

Mit dem vorliegenden Material möchte ich Ihnen Anregungen geben, wie Sie in der Grundschule *die drei Lebensräume Wasser, Wald und Wiese* behandeln können. Ich habe versucht, Ihnen vielfältige Zugänge zu diesen Themen aufzuzeigen. Neben Anregungen zum Erleben, Spielen und Basteln finden Sie Hinweise zum Forschen und Experimentieren sowie Lieder und Gedichte. Zusätzlich sind einige Kopiervorlagen für Arbeitsblätter als Vorschläge zur Sicherung von Einzelthemen aufgenommen. Sie können am Ende einer Beschäftigung mit den jeweiligen Lerninhalten stehen. Sie sind aber kein Ersatz für Lernen und Arbeit vor Ort.

Würzburg, 1990

Alfons Miethaner

Wasser

Zielgruppe

- Schüler ab dem dritten Schuljahr
- Klassen bei Schullandheimaufenthalten

Was Sie beachten sollten:

Wasser fasziniert alle. Wenn sich in einem Garten ein Teich befindet, so geht man immer zuerst dorthin. Wir suchen die Ruhe des Wassers oder erfreuen uns an seinem Wellenspiel. Kinder nützen es am liebsten als Spielmedium. Wenn wir uns in der Grundschule mit dem Wasser beschäftigen, wollen wir nicht zu einer physikalischen Betrachtungsweise hinführen. Wir wollen Wasser nicht nur als Rohstoff, Transport- und Lösungsmittel sehen, sondern zuerst einmal

- erkunden, wo es in unserer Umwelt vorkommt, wo es hinfließt und wie es sich verhält;
- Bach, Teich und See mit all seinen Pflanzen und Tieren erleben;
- die Kraft des Wassers und seine Lebendigkeit erfahren;
- betroffen machen über die gedankenlose Zerstörung dieses Lebensraumes.

Kaum ein Landschaftselement ist in den letzten Jahrzehnten so tiefgreifend zum Schlechten hin verändert worden wie das Wasser. 90% aller Klein- und Kleinstgewässer sind verschwunden. Bäche und Flüsse sind vielfach kanalisiert, Feuchtwiesen drainiert. In kaum einem Fluß oder See kann man noch guten Gewissens baden. Daher sind die Lebewesen, die auf diesen Lebensraum angewiesen sind und die sauberes Wasser brauchen, vielfach in wenige, abgelegene Gebiete zurückgedrängt.

Auch die Kinder sind vom „Austreiben" des Wassers aus der Landschaft besonders betroffen. Wo können sie noch am Wasser spielen, Brücken, Dämme und Flöße bauen, Kanäle und Inseln anlegen? Ganz abgesehen davon finden sie, eingezwängt zwischen Hausaufgaben, Klavierstunde und Fernsehen, oft gar nicht mehr die Zeit dazu.

Als Pädagogen geraten wir hierbei in eine Zwickmühle zwischen der Notwendigkeit des Naturschutzes und dem Bedürfnis, die Kinder ihren Spieltrieb ausleben zu lassen. Von wirklich schützenswerten Bereichen sollten wir strikt fernbleiben oder dort nur als stille und geduldige Beobachter auftreten. Aber es muß nicht gleich jeder Tümpel zum verbotenen Gebiet erklärt werden. Wo sonst sollen die Kinder dem Wasser und seinen Bewohnern begegnen können? Keine Tierart ist durch spielende Kinder zum Aussterben gebracht worden, wohl aber durch „Sachzwänge", die scheinbar eine Vergiftung und Verdrängung des Wassers erforderlich machen mögen.

Lassen wir die Kinder erleben, daß Wasser Spaß macht, und zeigen wir, daß Wasser lebenswichtig ist für Mensch, Tier und Pflanze.

Wasser erleben

Lernen ist mehr als das Aneignen von Kenntnissen. Wir sollten den Kindern nicht nur vermitteln, welche Tiere und Pflanzen zur Lebensgemeinschaft Wasser gehören, sondern sie auch die Natur erfahren lassen: das Wasserplätschern und den Vogelflug, das Froschquaken und die Waldesstille. Es kommt uns die Aufgabe zu, die Kinder behutsam anzuleiten, ihre *Sinne bewußt zu gebrauchen*, um sie aufnahmefähig zu machen. Wenn Sie ein geeignetes Gewässer gefunden haben (Bach oder See), an dem sich Kinder aufhalten können, ohne daß Tiere und seltenere Pflanzen beeinträchtigt werden, teilen Sie die Klasse in Gruppen von drei bis sechs Schülern. Lassen Sie jede Gruppe einen schönen Platz aussuchen, an dem sie sich für einige Minuten zum Beobachten niedersetzen kann. Sorgen Sie für eine ruhige, konzentrierte Atmosphäre! Erklären Sie den Kindern, daß sich Tiere durch uns gestört fühlen und sich erst wieder zeigen, wenn wir uns *einige Zeit still verhalten* haben. Fordern Sie alle auf, einige Minuten besonders darauf zu achten, was sie hören (Augen schließen!) und riechen können. Auch mit den Augen sollen sie vielfältige Eindrücke aufnehmen: Wellenschlag, Plätschern, Vogelflug, Wasserläufer, Fische, blühende Pflanzen...

FLIESST - PLÄTSCHERT - MURMELT - GURGELT - GLUCKST - RAUSCHT - BRAUST - BRANDET - TOBT - WOGT - TOST - WALLT - DONNERT - STÜRZT - JAGT - PEITSCHT - SCHIESST - SCHNELLT - STRÖMT - SCHLÄGT - BRICHT - GISCHT - SCHÄUMT - REISST - TREIBT - WÄLZT - WIRBELT - SCHWEMMT - STRUDELT - VERSCHLINGT - SPÜLT - SCHLÄNGELT - UMSPIELT - RINNT - RIESELT - TRIEFT - TROPFT - REGNET - SCHÜTTET - PRASSELT - SPRÜHT - SPRITZT - ERFRISCHT - ERQUICKT - BELEBT - SPRUDELT - LÖSCHT - KÜHLT - GEFRIERT - WÄRMT - ERHITZT - KOCHT - BRODELT - SIEDET - DAMPFT - ZISCHT - VERDUNSTET - STEIGT - QUILLT - SCHWILLT - WÄCHST - STAUT - HEBT - LÄUFT - VERLÄUFT - ERGIESST - SINKT - SICKERT - FÄLLT - BEDECKT - STEHT - RUHT - FEUCHTET - NÄSST - BENETZT - WEICHT - WÄSCHT - LAUGT - LÖST - KÄMPFT - KIPPT - STIRBT - REINIGT - HEILT - TRÄGT - FÜHRT - LEITET - BEWEGT - VERBINDET

(aus: Wasser ist Leben. Bayerischer Raiffeisenverband e. V. München 1986)

Wenn die Kinder wieder alle versammelt sind, sprechen sie über ihre Eindrücke und schildern ihre Beobachtungen. Zu einem zweiten Gang können Sie die Kinder mit gezielten *Aufträgen* losschicken: Schreibe auf, welche

verschiedenen Tiere du siehst! Male für jede blühende Pflanzenart einen Kreis in der Blütenfarbe! Schreibe auf, was du hörst, siehst und riechst!

Wichtig erscheint mir, daß Sie nicht sofort mit Aufgaben beginnen, die hauptsächlich die kognitiven Fähigkeiten der Kinder fordern, um den Weg zu bewußtem sinnlichen Erleben nicht zu verbauen.

Sie können diese Erlebnisse noch vertiefen, indem Sie im Klassenzimmer eine *Minilandschaft mit See und Bach* nachbauen lassen, die mit Gegenständen ausgestattet wird, die die Kinder vom Unterrichtsgang mitgebracht haben: Kieselsteine, Binsen, Moos, Entenfedern, Wasserschneckenhäuser. Ganz zwanglos können Sie beim Nachbau dieser Landschaft über die Schönheit von Gewässern sprechen, die sich in einem naturnahen Zustand befinden, und über die Häßlichkeit von begradigten, kahlen und überdüngten Bächen und Seen.

* **Anregungen**, um die Eigenschaften des Wassers zu erleben:
– Einen *Regenbogen* herstellen, indem Sie an einem sonnigen Tag mit einer Sprühflasche spritzen;
– *Kieselsteine* sehr flach übers Wasser werfen, so daß sie mehrmals aufhüpfen;
– *Kreiswellen* erzeugen durch Werfen eines kleinen Steines; Ineinanderlaufen von zwei oder mehreren Kreiswellen;
– *Staustufen oder Brücken* bauen.

Amphibien

Amphibien waren früher überall häufig. Die Kinder begegneten ihnen am Dorfweiher, in Wassertümpeln, sogar in wassergefüllten Fahrspuren. Heute scheinen sie unerwünscht. Ihre Laichgewässer werden zugeschüttet, ihre Nahrung vergiftet, ihr Lebensraum durch Straßen zerschnitten. Sogar ihr Rufen ist störend, wie Besitzer von Gartenteichen in Nachbarschaftsprozessen leidvoll erfahren mußten.

Um so nötiger ist es, daß Kinder etwas über das Leben von Amphibien erfahren, zum einen, um in den Kindern Vertrauen und Zuneigung zu diesen Tieren zu wecken, zum anderen, weil sich an ihnen wie unter dem Brennglas die Gefahren zeigen, die die moderne Industriegesellschaft unserer Mitwelt bereitet.

Amphibien sind Wanderer zwischen Wasser und Land. Alle – bis auf den Alpensalamander – brauchen das Wasser, um ablaichen zu können. Die meisten gehen dann wieder an Land, um ein verborgenes Leben als Räuber zu führen. Sie gehören also in zwei Lebensräume. Im Naturhaushalt spielen sie eine bedeutende Rolle, da sie Insekten fressen und so auch den Bestand von uns lästigen Tieren (wie Mücken) regulieren. Sie sind auch Nahrungsgrundlage für andere Tiere, die zum Teil von ihnen abhängig sind, wie z. B. Storch oder Ringelnatter.

Lösung zu KV 2

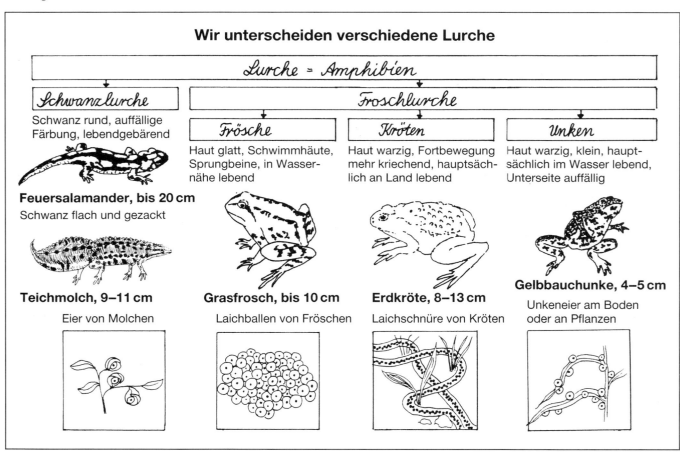

Amphibien im Unterricht

Die Grundlage des Lernens über Amphibien muß die originale Begegnung, das Erleben dieser Tiere sein. Hierzu ergeben sich mehrere Möglichkeiten. Sie können zu einem See oder Weiher gehen, Sie können einen künstlich angelegten Teich, z. B. den Schulteich, besuchen, Sie können aber auch die Entwicklung von Fröschen im Aquarium beobachten. Von letzterer Möglichkeit möchte ich aber nach meinen Erfahrungen abraten. Zum einen setzt es doch einiges Wissen voraus, Kaulquappen richtig zu pflegen. Vielen ist unbekannt, daß sie keine Fleischfresser wie die erwachsenen Frösche sind, sondern von Kleinstpflanzenteilchen und Algen leben, mit Ausnahme der Molche, die auch als Quappen jagen. Sie vertragen auch keine zu hohen Temperaturen, wie sie am sonnigen Zimmerfenster auftreten können. Erdkröten müssen, wenn sie ihre Verwandlung vollzogen haben, an Land gehen. Sie sind keine Wassertiere, ebensowenig wie Grasfrösche. Zum anderen habe ich oft die Erfahrung gemacht, daß durch ein Froschaquarium im Klassenzimmer die Kinder dazu verleitet werden, selbst Froschlaich zu holen und zu Hause in Einmachgläsern und ähnlichem zu halten.

An einem *Schulteich* ist die Entwicklung der Amphibien ebensogut in allen Stadien zu verfolgen. An anderen Teichen, Weihern und Seen können Sie mit zwei Besuchen genügend sehen: *In den ersten Apriltagen* ausgewachsene Kröten und Laichballen vom Grasfrosch, im *Mai* Kaulquappen von Kröten und Grasfröschen und eventuell noch Molche und Unken.

Kröten anfassen

Man kann im Unterricht mit hervorragenden Medien arbeiten, das Leben der Erdkröte noch so gut darstellen; die bleibendsten Eindrücke sind diejenigen, bei denen die Kinder Kröten hautnah erleben können.

Dies geht am besten zur *Krötenwanderzeit,* je nach Witterung Ende März oder Anfang April. Nehmen Sie Kontakt auf mit einer Naturschutzorganisation, die Krötenwanderwege betreut! Oft sind in den Tageszeitungen Meldungen darüber zu finden. Die meisten Naturschützer sind gerne bereit, mit Ihnen zu dem Krötenfangzaun mit eingegrabenen Eimern zu gehen, in denen sich wandernde Kröten meistens paarweise sammeln. Vor der Ankunft am Ziel weisen Sie die Kinder darauf hin, daß sie nicht dicht am Zaun entlanggehen dürfen, weil sich Erdkröten manchmal unter Grasbüscheln am Zaun verbergen.

Ganz vorsichtig können die Kinder ein Einzeltier oder ein Paar aus dem Eimer nehmen und in der Hand halten. Die Kröten fühlen sich nicht glitschig oder schleimig an, wie manche Menschen glauben; die Haut ist eher trocken und kühl. Zu Beginn trauen sich erst wenige Kinder, die Erdkröte in die Hand zu nehmen, viele streicheln sie erst einmal mit einem Finger. Allmählich gewinnen sie auch Zutrauen und fassen die Tiere richtig an. Wenn ein Kind aber nicht will, sollten Sie es auf keinen Fall dazu drängen. Wenn man bei einem Pärchen dem oben sitzenden, kleineren Männchen, das seine Partnerin fest umklammert hält, vorsichtig mit dem Finger auf den Rücken drückt, gibt es einen „Befreiungsruf" von sich, der den Sinn hat, einem weiteren Männchen, das sich anklammern will, zu sagen: „Laß los, hier ist schon einer!"

Wenn Sie die Kröten wieder in die Eimer zurückgelegt haben, können Sie sie vielleicht, in Absprache mit dem Fachmann, zum Ersatzlaichgewässer tragen.

Molche beobachten

Molche bleiben den Frühling über in ihrem „Wohngewässer", erst im Sommer verlassen sie es. Man findet sie fast in allen Kleingewässern, nicht aber in Seen. Auch in Schulteiche wandern sie leicht ein. Wenn Sie mit den Kindern an ein Gewässer gehen, in dem sich Molche befinden, so tun Sie das am besten *im Mai,* weil sie in diesem Monat ihre Paarungszeit haben. Sie leben dann weniger verborgen als in anderen Monaten und sehen etwas auffälliger aus. Sie können den Kindern folgende *Beobachtungsaufgaben* stellen:

- Zählt, wie oft ein Molch zum Luftschnappen an die Oberfläche kommt!
- Unterscheidet Männchen (größer, mit Kamm) und Weibchen (kleiner, ohne Kamm)!
- Sucht eine Erklärung für die unterschiedliche Färbung von Ober- und Unterseite!
- Vergleicht das Aussehen eines Molches mit dem eines Frosches!
- Betrachtet das Balzverhalten! Wer schwimmt vorneweg, Männchen oder Weibchen?
- Wie reagieren sie, wenn ihr mit der Hand über der Wasseroberfläche eine schnelle Bewegung macht, wenn ihr ein kleines Steinchen hineinwerft?
- Wie viele Zehen hat jeder Fuß?

Es ist nicht schwer, einen Molch mit dem Kescher zu fangen. Wenn Sie ihn einige Minuten in ein wassergefülltes Einmachglas setzen, können ihn die Kinder genau betrachten. Besonders die auffällige Unterseite des Männchens in der Paarungszeit ist dann gut zu sehen. Danach muß das Tier unbedingt wieder in das Wasser zurückgesetzt werden.

Den Gefahren für Amphibien auf der Spur

61% aller Amphibienarten sind in ihrem Bestand bedroht. Eine Vielzahl von Gründen kann hierfür genannt werden. Die wichtigsten sind wohl erstens der Mangel an Laichgewässern (90% aller Klein- und Kleinstgewässer sind zugeschüttet), zweitens die intensive Landwirtschaft mit Gifteinsatz (Amphibien haben keine Hornhaut wie Säugetiere und sind deshalb besonders empfindlich.) und Flurbereinigung (Rückzugsgebiete verschwinden) und drittens der Straßenverkehr.

Wenn diese Gründe für die Gefährdung unserer Amphibien im Unterricht angesprochen werden, bleiben die Einsichten oft auf der abstrakten Ebene. Wo es möglich

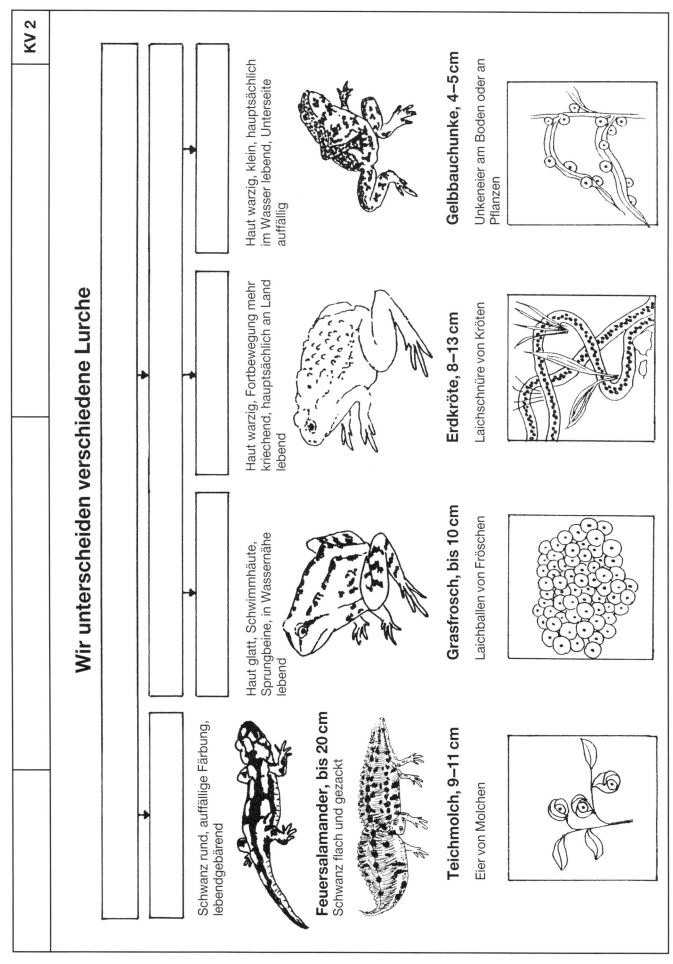

ist, sollten Sie versuchen, die Gefahren für Amphibien erfahrbar zu machen.

1. Ahmen Sie mit den Kindern eine *Krötenwanderung* nach! Sie sollte etwa zwei Kilometer Länge haben und zu einem Gewässer führen. Stellt Euch vor, ihr wärt Kröten! Wo würde es euch unterwegs besonders gefallen? Wo würdet ihr genug zu fressen finden? Wo lauern auf dem Weg Gefahren?
2. Erlebnisse können nicht immer nur lustig oder positiv sein. *Trauern* Sie mit den Kindern, wenn Sie totgefahrene oder in Gullys verhungerte Amphibien finden.
3. Suchen Sie *Spuren von Gewässern*. Besorgen Sie sich eine Flurkarte der Umgebung. Suchen Sie mit den Kindern Flurnamen, die auf das Vorhandensein von Wasser hindeuten, z.B. Am Seelein, Kaltenbrunn... Erwandern Sie mit den Kindern diese Orte in der Flur und stellen Sie fest, was davon noch geblieben ist. – Alte Photos zeigen in fast jedem Dorf einen Weiher, Bachläufe und wasserführende Gräben. Vergleichen Sie mit den heutigen Zuständen!

Einen Teich anlegen

Kinder wollen den Amphibien gerne helfen. Viele Gemeinden stehen der Idee, einen Teich anzulegen oder ein zugeschüttetes Gewässer wieder freizulegen, nicht mehr so ablehnend gegenüber wie noch vor einem Jahrzehnt. Machen Sie der Gemeinde einen Vorschlag! Vielleicht ist es auch auf dem Schulgelände möglich, einen Schulteich zu bauen. Dies können Sie kaum allein mit Ihrer Klasse schaffen. Wenn sich aber die Kinder daran beteiligen können, wenn Sie gemeinsam mit ihnen die Gestaltung des Teiches planen und beim Bepflanzen mitarbeiten, wird das Schicksal der Lurche zu ihrer eigenen Sache.

Forschen

Das Leben im Teich erforschen

Schon in kleinsten Gewässern können Sie mit den Kindern Entdeckungen machen. Besonders günstig ist es, wenn Sie einen Schulteich zur Verfügung haben, weil Sie an ihm arbeiten können, ohne befürchten zu müssen, beim Entdecken und Forschen das Gewässer oder seine Ufer zu sehr zu beeinträchtigen.

Sie sollten sich für diese Aufgabe Zeit lassen und den Kindern Gelegenheit zu handlungsorientiertem und entdeckendem Lernen geben.

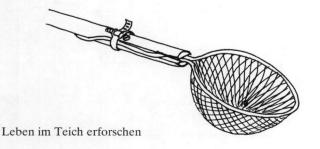

Leben im Teich erforschen

Sie brauchen einige Kescher (Ein großes Plastikküchensieb wird an einem Stiel festgebunden.), flache, weiße Plastikschalen (z.B. Gefrierschachteln), Einmachgläser, Schreibunterlagen, Lupen, Bestimmungsbücher, kleine Plastiklöffel. Günstig ist es auch, wenn Sie ein Planktonsieb (Damit kann man ganz kleine Lebewesen fangen.) und eine Stereolupe zum plastischen Betrachten von Kleintieren zur Verfügung haben.

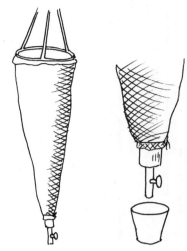

Planktonsieb

Weisen Sie die Kinder darauf hin, daß sie bei allem Fangeifer immer darauf achten müssen, daß die gefangenen Tiere keinen Schaden erleiden, und daß diese nach dem Beobachten wieder ins Wasser zurückgesetzt werden. Es gibt auch Wassertiere, die beißen (Rückenschwimmer). Deshalb sollten Sie mit dem Anfassen vorsichtig sein. Fliegende oder ausschlüpfende Libellen dürfen nicht mit dem Kescher gefangen werden, da dies kaum ohne Verletzung der zarten Flügel abgeht.

Teilen Sie Gruppen ein und unterweisen Sie sie im Gebrauch der Geräte. Stellen Sie als *Aufgabe:* Jede Gruppe soll mindestens fünf verschiedene Lebewesen suchen und dazu sowohl die Vegetation, den Bodengrund als auch das offene Wasser absuchen. Die gefangenen Tiere werden vorsichtig in die mit Wasser gefüllten Plastikschalen oder in die Einmachgläser (bei größeren Tieren) gegeben.

Danach versuchen die Kinder, die gefangenen Lebewesen zu bestimmen und kleine Schildchen mit den Namen zu schreiben.

Versammeln Sie dann die Klasse um die Schalen und Einmachgläser und vergleichen Sie die Ergebnisse. Helfen Sie beim Bestimmen!

Die gesammelten Arten können genauer untersucht werden, wenn Sie sie auf einem Arbeitstisch im Freien oder im Klassenzimmer mit einem *Binokular* (Stereolupe) betrachten. Teilen Sie jeder Gruppe oder bei Partnerarbeit je zwei Schülern ein Wasserlebewesen zu, dessen Körperbau und Verhalten sie beobachten und mit einigen Sätzen beschreiben sollen. Dazu sammeln sie Informationen aus Büchern und notieren das Wichtigste. So entsteht eine kleine Kartei über Wasserlebewesen, die sie nach und nach weiter vervollständigen können.

KV 4

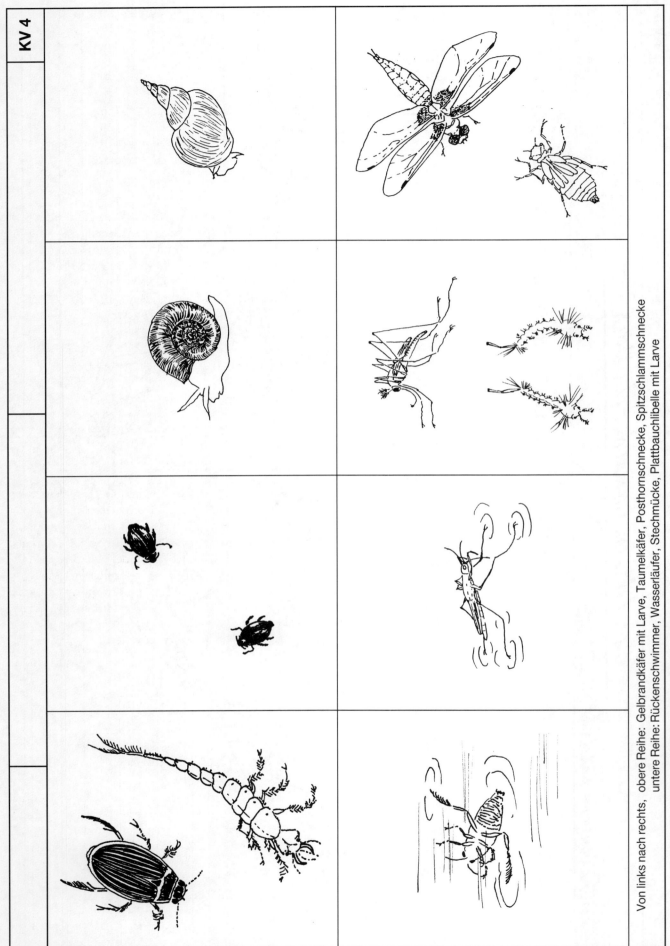

Von links nach rechts, obere Reihe: Gelbrandkäfer mit Larve, Taumelkäfer, Posthornschnecke, Spitzschlammschnecke
untere Reihe: Rückenschwimmer, Wasserläufer, Stechmücke, Plattbauchlibelle mit Larve

© R. Oldenbourg Verlag GmbH, München / Miethaner, Umwelterziehung in der Grundschule

Die gefangenen Tiere müssen am selben Tag noch aus ihren Behältern befreit und in den Teich zurückgebracht werden. Geeignete Tiere, wie Wasserschnecken, können Sie aber auch in einem *Tümpelaquarium* halten.

Wir richten ein Schneckenaquarium ein

Sie benötigen ein großes Gefäß aus Glas oder Kunststoff. Auf dem Boden eine Schicht *Aquariumskies* (gibt es im Zoohandel zu kaufen), darüber eine Schicht *Sand* ausbreiten. Verwenden Sie auf keinen Fall Gartenerde! Die darin enthaltenen Humusstoffe lassen das Wasser schnell verderben. Lassen Sie jetzt langsam Wasser ein! Damit nicht alles aufgewirbelt wird, kann man beim Eingießen ein Stück Zeitung auf den Sand legen. Sie können Teichwasser, Quellwasser oder Regenwasser nehmen. Auch Leitungswasser ist möglich, wenn es nicht zu hart ist. Setzen Sie jetzt mehrere Pflanzen ein! Am besten geeignet ist die *Wasserpest*. Sie ist in vielen Teichen zu finden und verträgt im Gegensatz zu den meisten anderen Pflanzen aus dem Teich die Temperatur des zimmerwarmen Wassers im Aquarium. Pflanzen sind sehr wichtig, denn sie erzeugen den nötigen *Sauerstoff*. Falls sich die Pflanzen schlecht im Bodengrund einpflanzen lassen, kann man auf die Wurzeln einfach einen Kieselstein legen.

Das Aquarium darf nicht längere Zeit der Sonne ausgesetzt sein.

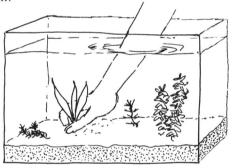

Warten Sie noch einige Tage, bevor Sie die Schnecken einsetzen. Sie lassen sich besonders gut im Aquarium halten, weil sie keine Lüftungseinrichtung wie Fische brauchen und auch Kulturfehler in Maßen tolerieren. Sie müssen nicht gefüttert werden, wenn sich schon ein Algenbelag im Aquarium gebildet hat. Nehmen Sie zwei Schnecken derselben Art, also z. B. zwei Spitzhornschnecken und zwei Posthornschnecken, weil sich dann die Schnecken auch vermehren können.

Den Kindern können Sie vielfältige *Beobachtungsaufgaben* stellen:
– Wie häufig kommen die Schnecken zum Atmen an die Wasseroberfläche? Welche Art bleibt länger unten?
– Schlammschnecken schwimmen oft mit dem Fuß an der Wasseroberfläche. Beobachte mit der Lupe, wie sie sich dabei vorwärtsbewegen!
– Beobachte die Schnecken beim Fressen! An der Aquariumswand kannst du die Tätigkeit der Raspelzunge sehen.
– Können Schnecken sehen? Beleuchte ein Tier mit einem Taschenspiegel! Können sie hören? Schlage eine Trommel über einem Tier, das an der Wasseroberfläche schwimmt!
– Wie verhalten sie sich, wenn du sie mit dem Finger vorsichtig berührst?
– Siehst du Schnecken, die sich paaren?
– Kannst du Schneckenlaich entdecken? Oft klebt er an der Aquariumswand. Suche mit der Lupe!
– Wann schlüpfen die kleinen Schnecken?

Wasserläufer

Wasserläufer gehören zu den häufigsten Tieren am Wasser. Auf jedem Teich mit freier Wasserfläche, sogar in Tümpeln und Pfützen sind sie zu finden. Es fasziniert jung und alt, wie sie unter Ausnützen der Oberflächenspannung auf der Wasseroberfläche laufen können.

Stellen Sie *Beobachtungsaufgaben*, z. B.:
– Schau seitlich auf die Wasseroberfläche! Wie sieht sie an den Beinen des Wasserläufers aus?
– Wie viele Beine hat das Tier? (vier lange zum Laufen, zwei kurze zum Festhalten der Beute)
– Kannst du feststellen, wovon sie sich ernähren? (Sie fressen kleine Wasserinsekten, die auf der Oberfläche sind.)
– Wie reagieren sie, wenn du versuchst, sie mit einem Stöckchen anzustoßen?

Der folgende *Versuch* läßt die „Haut" des Wassers gut erkennen:

Legen Sie ein kleines Stück Löschpapier auf die Wasseroberfläche einer randvollen Tasse und darauf eine Stecknadel. Das Löschpapier saugt sich voll und versinkt (eventuell ganz vorsichtig nachhelfen), die Nadel schwimmt auf der Wasseroberfläche, die von der Nadel ebenso wie von einem Wasserläufer leicht eingedellt wird.

Wenn Sie dem Wasser einen Tropfen *Spülmittel* zufügen, versinkt die Nadel. Dieser verblüffende Vorgang läßt modellhaft die Gefahren erkennen, denen Tiere in verschmutztem Wasser ausgesetzt sind.

Pflanzen im Teich

In kleinen stehenden Gewässern wachsen Pflanzen auf dem gesamten Grund, während Seeböden von Pflanzenbewuchs frei sind. Die Pflanzen können mehreren Wuchszonen zugeordnet werden. Ein einfaches Schema ist die Einteilung in Ufer-, Röhricht-, Unterwasser- und Schwimmblattpflanzen. Nicht alle Teiche lassen diese Zonen erkennen, da sie ja künstlich angelegt sind, und Pflanzen außerhalb ihres eigentlichen Wuchsortes angesiedelt wurden. Es dauert einige Jahre, bis Pflanzen den ihnen zusagenden Wuchsort eingenommen haben.

Bevor Sie Bestimmungsübungen durchführen, sollten Sie die Kinder auf die ästhetischen Reize von Wasserpflanzen aufmerksam machen. Wer bewundert nicht den Aufbau einer Schwertlilienblüte oder die Schönheit einer Seerose?

Beginnen Sie mit wenigen Wasserpflanzen, die Sie bestimmen lassen! Günstig ist es, wenn Sie jeder Schülergruppe eine Pflanze zum Bestimmen und Beschreiben zuordnen. Die Kinder sollten diese Pflanze möglichst „hautnah" kennenlernen, keinesfalls nur über das Bestimmungsbuch. Wenn Sie am Schulteich arbeiten, können Sie auch einige Pflanzen abschneiden oder entnehmen lassen. Lassen Sie *Stengelquerschnitte* anfertigen, z.B. von *Seggen* (dreieckige Blütenstengel), *Rohrkolben* (Luftkanäle), *Binsen* (hohl) und *Schilf* (mit Stengelknoten).

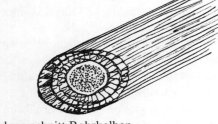

Stengelquerschnitt Rohrkolben

Wenn jede Gruppe „ihre" Pflanze untersucht, beschrieben und dann auch vorgestellt hat, sollten Sie wieder an den Teich gehen und alle Standorte suchen und kartieren lassen, an denen diese eine Pflanze vorkommt. Geben Sie dazu jeder Gruppe ein Blatt Papier, auf dem die Umrißlinie des Gewässers eingezeichnet ist. Auf diesem Plan tragen nun die Kinder alle Orte ein, an denen „ihre" Pflanze wächst. Durch Vergleich der verschiedenen Pläne können die Kinder leicht die Zonen und die Besiedlung einer ganz bestimmten Wassertiefe erkennen.

Wasserlinsen – ein grüner Teppich

Bei einem Unterrichtsgang können Sie sehen, daß Wasserlinsen oft eine weite Wasserfläche bedecken. Lassen Sie einige Pflanzen herausschöpfen und die Wurzeln betrachten! Die Kinder sehen, daß Wasserlinsen nicht festgewurzelt sind, sondern frei im Wasser schwimmen. Schnell finden sie die Begriffe „Schwimmpflanze" und „Wasserwurzeln".

Nehmen Sie einige Wasserlinsen zusammen mit Tümpelwasser in die Schule mit und beobachten Sie die *Vermehrung:* Sie verzweigen sich immer weiter, ohne Samen zu bilden. Den Einfluß von Phosphaten auf das Wachstum können Sie mit folgendem *Versuch* untersuchen: Sie füllen drei gleich große Gläser mit Tümpelwasser und gleich vielen Wasserlinsen. In ein Glas geben Sie noch zusätzlich einen Eßlöffel Waschbrühe (von einem phosphathaltigen Waschmittel), in das zweite Glas drei Eßlöffel, das dritte bleibt ohne Zusatz. Stellen sie die drei Gläser auf das Fensterbrett und decken Sie sie nicht zu. In den „Waschmittelgläsern" bilden sich Grünalgen, und die Teichlinsen werden größer.

Lösung zu KV 3

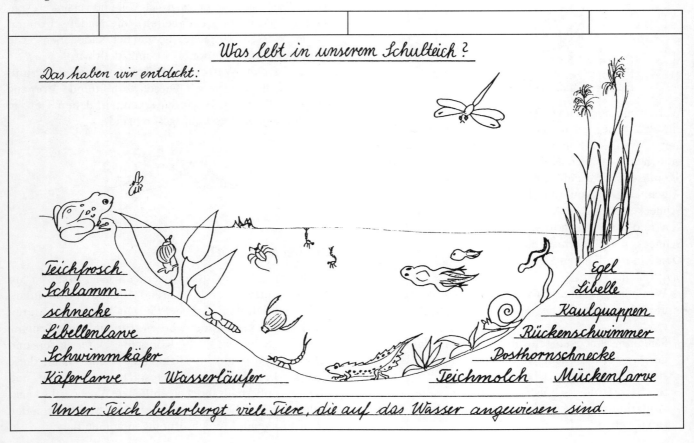

Lösung zu KV 5

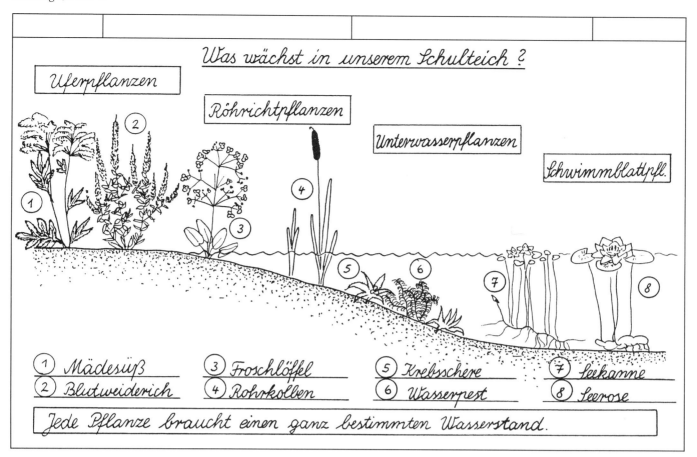

Lösung zu KV 8

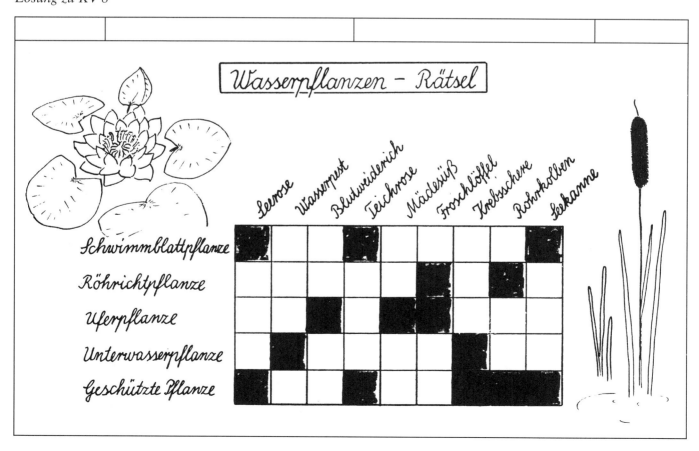

KV 5

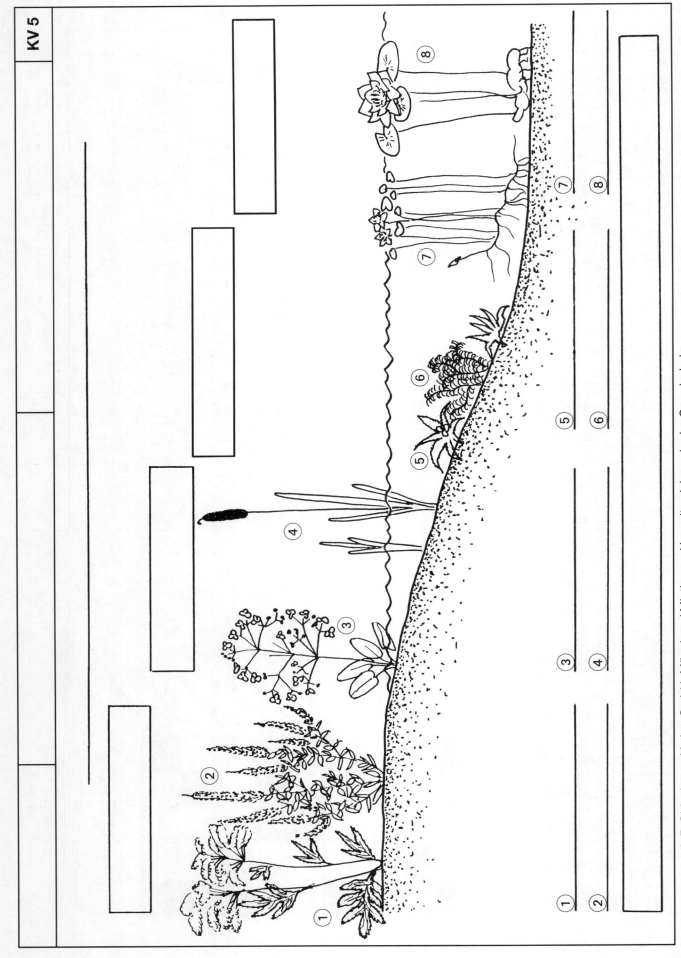

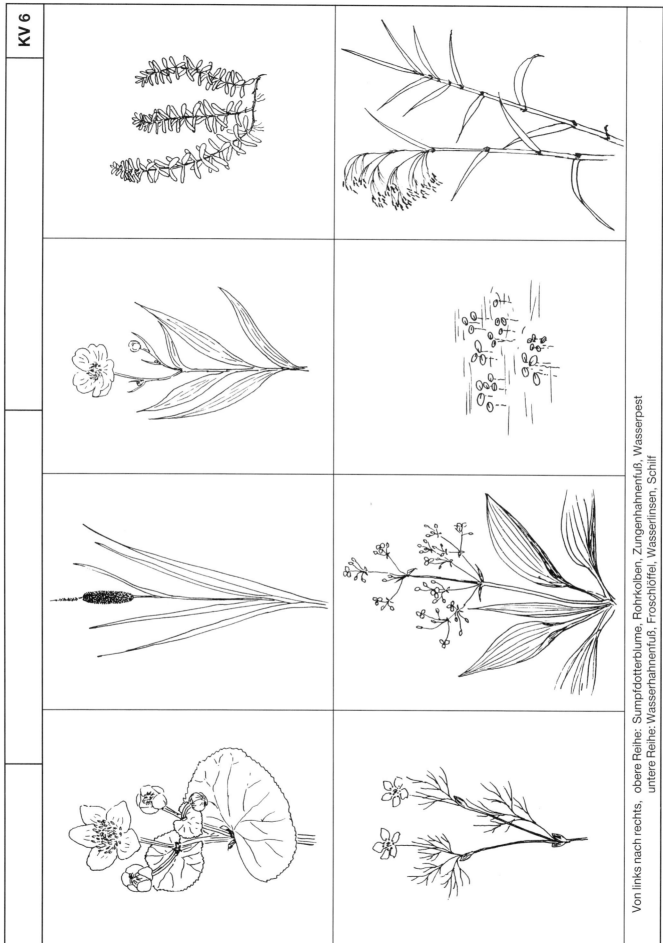

Von links nach rechts, obere Reihe: Sumpfdotterblume, Rohrkolben, Zungenhahnenfuß, Wasserpest
untere Reihe: Wasserhahnenfuß, Froschlöffel, Wasserlinsen, Schilf

KV 7

Von links nach rechts, obere Reihe: Teichrose, Wasserschwertlilie, Seerose, Binse
untere Reihe: Igelkolben, Krebsschere, Segge, Seekanne

© R. Oldenbourg Verlag GmbH, München / Miethaner, Umwelterziehung in der Grundschule

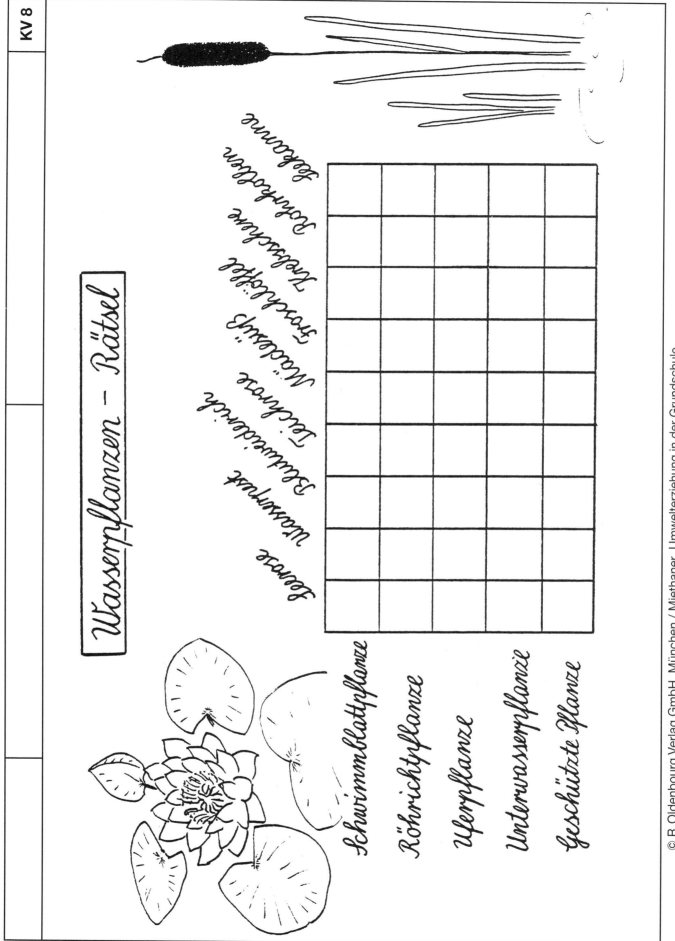

Spielen

Eine Libelle bauen

Dieses Spiel schafft grundlegendes Wissen über den Körperbau von Tieren und schärft die Beobachtungsgabe. Wenn Sie im Unterricht über Libellen gesprochen haben, stellen Sie den Kindern die Aufgabe, eine Libelle nachzubauen. Stellen Sie ihnen hierzu Knet für den Körper, Streichhölzer für die Beine und steifes Papier für die Flügel zur Verfügung. Es wäre günstig, wenn die Kinder während des Nachbaus Libellen am Teich beobachten könnten. Vielleicht haben Sie auch eine tote Libelle gefunden, die Sie den Kindern als Anschauungsobjekt geben können.

Wenn jede Gruppe oder jedes Kind eine Libelle nachgebaut hat, versammeln Sie alle Schüler um einen Tisch, auf dem die gebastelten „Tiere" abgelegt werden. Wenn Sie nun vergleichen lassen, werden Sie feststellen, daß die Kinder ganz unterschiedlich genau gearbeitet haben. Die Zahl der Beine und der Flügel und der Ort, an dem sie am Körper sitzen, stimmt nicht immer. Im Gespräch klären Sie nun, daß bei den Libellen Brust und Hinterleib miteinander verwachsen sind (im Gegensatz zu Wespen, Bienen und Ameisen), daß sie vier Flügel haben und sechs Beine (im Gegensatz zu Spinnen), die alle am Brustteil „befestigt" sind, wie bei anderen Insekten auch.

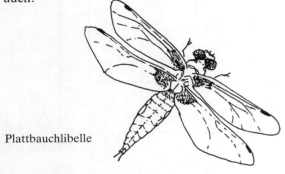

Plattbauchlibelle

Sie können das Spiel variieren, indem Sie die Kinder eine Libelle darstellen lassen: Ein Kind kniet sich hin, es stellt den Kopf dar. Ein weiteres faßt das vordere um die Taille, es ist die Brust, ein drittes der Hinterleib, andere sind Flügel und Beine. Auch hier taucht gleich die Frage auf, wieviel Flügel und Beine benötigt werden, und bei welchem Kind sie sich festhalten sollen. Dieses Spiel macht viel Spaß und vermittelt mehr als bloße Kenntnisse.

Tiere raten

Wenn Sie Tiere am Wasser beobachtet und im Unterricht behandelt haben, können Sie das Wissen auf spielerische Weise überprüfen: Jedem Kind (bei großen Klassen müssen Sie zwei Gruppen nacheinander spielen lassen) wird auf dem Rücken ein Zettel befestigt (mit einer Sicherheitsnadel oder einer Wäscheklammer am Kragen), auf dem der Name eines Tieres steht, das am oder im Wasser lebt, z.B. Wasserläufer, Ente, Teichrohrsänger, Karpfen, Posthornschnecke usw. Jedes Kind muß sich einen Partner suchen, der ihm hilft, herauszubekommen, welcher Tiername auf seinem Rücken steht, und dem es dann wiederum hilft beim Erraten seines Tieres. Das Kind darf dabei seinen eigenen Zettel nicht sehen, nur den des Partners. Es fragt etwa: „Kann ich fliegen? Bin ich ein großes Tier? Gehöre ich zu den Insekten?" Der Partner darf nur mit „Ja", „Nein" oder „Vielleicht" antworten. Erst wenn das Tier erraten ist, darf die Karte abgenommen und nachgesehen werden. Dann beantwortet das Kind die Fragen des Partners.

Dieses Spiel mobilisiert Wissen über Tiere. Es ist außerdem gut zum Kennenlernen von Kindern und zum Überwinden von Kontaktscheu geeignet, wenn zwei Klassen, z.B. bei einem Schullandheimaufenthalt, erstmalig zusammenkommen.

Bootrennen

Bei diesem Spiel erfahren die Kinder die unterschiedlichen Strömungen, Wirbel und Hindernisse eines Baches. Sie erleben das fließende Wasser als lebendiges Element und erkennen, wie interessant und schön ein natürliches Bachufer ist. Es ist nicht leicht, noch einen intakten Bach zu finden. Manche sind begradigt, andere in ein Betonbett gezwängt, wieder andere mit Abwässern belastet.

Auf einer Strecke von 20 bis 50 m werden Start und Ziel abgesteckt. Achten Sie darauf, daß Sie einen Uferstreifen aussuchen, an dem kein Schaden entsteht, wenn die Kinder daran entlanggehen, und der keine Gefahrenstellen bietet. Die Kinder gehen neben ihren Booten her und verfolgen, wie diese die Strecke bewältigen, ob sie besonders schnell sind oder sich in einem Wirbel drehen. Als Spielregel können Sie einführen, daß ein Boot, das hängengeblieben ist, herausgenommen und zwei Meter oberhalb wieder eingesetzt werden darf. Als Boote eignen sich geschnitzte Kiefernrindenschiffchen, Korken oder auch einfach 20 bis 30 cm lange Stöcke.

Sobald alle Boote ans Ziel gelangt sind, rufen Sie die Klasse zusammen. Bei entsprechendem Untergrund können sich alle auf den Boden setzen. Lassen Sie über die Beobachtungen und Erlebnisse berichten und überlegen

Sie gemeinsam, wie langweilig es wäre, wenn der Bach in einer überall gleich breiten und gleich tiefen Betonrinne fließen müßte. Sprechen Sie darüber, daß ein kanalisierter Bach den meisten Tier- und Pflanzenarten die Lebensgrundlage entzieht, unser Leben eintöniger macht und unser ästhetisches Empfinden mindert.

Kiesel sammeln

Suchen Sie in einem Mittelgebirgsbach oder in einem kleinen Fluß eine flache Stelle, die man ohne Gefahr durchwaten kann, und die keine Glasscherben enthält (vorher unbedingt überprüfen)! Lassen Sie die Kinder im Sommer barfuß und in Badekleidung hineinsteigen! Bitten Sie sie, möglichst farbige, bunte oder gesprenkelte Kiesel zu suchen, mit denen anschließend eine kleine Ausstellung gestaltet werden kann.

Besonders interessant sind rund geschliffene Ziegelsteine oder alte (!) abgerundete Glasreste.

Gemeinsam staunen wir darüber, wie es das Wasser fertigbringt, harte Steine ganz rund zu schleifen. Vielleicht können Sie mit den Kindern auch über den Aphorismus von Hermann Hesse nachdenken: „Weich ist stärker als hart. Wasser ist stärker als Fels. Liebe ist stärker als Gewalt."

Ein Wasser-Würfelspiel erfinden

Bevor man zu einem Gewässer geht, sollte man die Kinder über *richtiges Verhalten* bei dem Unterrichtsgang aufklären. Um nur verbales Belehren zu vermeiden, suchen die Kinder die Verhaltensregeln selbst und bauen sie in ein Spiel ein.

Mit meiner Klasse habe ich folgendes Würfelspiel selbst erfunden: Auf einem Spielbrett haben wir Würfelstationen von 1 bis 100 eingezeichnet, darauf Wassertiere und -pflanzen gemalt. Etwa jede zehnte Zahl ist besonders markiert. Kommt ein Spieler mit seinem Wurf auf ein solches Feld, muß er mit dem „Glückswürfel" würfeln. Wir haben ihn selbst gebastelt (Mathematik: Würfelnetz): Er hat drei blaue Glücksseiten und drei schwarze „Pechseiten". Je nachdem, wie dieser Würfel fällt, muß der Spieler eine Glücks- oder Pechkarte nehmen. Darauf steht, wie er sich am Wasser verhalten hat und wie er weiterziehen darf. Wir haben folgende *Verhaltenskarten* hergestellt:

- Du hast Dich beim Beobachten ruhig verhalten. – Rücke 4 Felder vor!
- Du hast eine Seerose gepflanzt. – Rücke 5 Felder vor!
- Du hast darauf verzichtet, Fußball zu spielen, weil junge Kröten auf der Wiese waren. – Rücke bis zur nächsten Zehnerzahl vor!
- Du hast Müll aus dem See herausgeholt. – Rücke 5 Felder vor!
- Du hast einen Teich angelegt. – Noch zweimal würfeln!
- Du bist durchs Unterholz gebrochen und hast einen Teichrohrsänger beim Brüten gestört. – Lasse einen Mitspieler vorbei!
- Du hast Öl in den See geschüttet. – Zurück zum Anfang!
- Du hast einen Stein auf eine Ente geworfen. – Noch einmal würfeln und rückwärts ziehen!
- Du hast einen Frosch überfahren. – Einmal aussetzen!
- Du hast Froschlaich herausgeholt. – Gehe 8 Felder zurück!

Gewonnen hat, wer zuerst mit einem Wurf das Feld mit der Zahl 100 erreicht.

Dieses Spiel vermeidet den erhobenen Zeigefinger und vermittelt dennoch, wie man sich am Wasser richtig verhalten soll.

Basteln

Wasserrad

Die Menschen haben schon vor 2000 Jahren das Wasserrad als Antrieb für Mühlen und zur Bewässerung erfunden. Kinder nützen die Kraft des fließenden Wassers gerne für Spiele und Basteleien. Beim Bau eines Wasserrades kommt es weniger auf perfekte Ausführung an als darauf, daß die Bewegungsenergie des Wassers erfahren wird, und daß die Kinder Spaß am Funktionieren der Bastelarbeit haben.

Für eine einfache Ausführung, die sich jedes Kind basteln kann, brauchen sie einen Flaschenkorken, einige

dünne Holzplättchen oder Blechstreifen von einer Konservendose, einen kräftigen Draht als Achse und ein Taschenmesser zum Einschneiden der Schlitze, in die die dünnen Holzstücke gesteckt werden. Zum Antrieb genügt schon ein kleines Rinnsal.

Etwas aufwendiger ist folgendes Wasserrad: An fingerdicke Zweigstücke (z.B. Haselnuß) werden etwa 5 mal 5 cm große Holzplättchen genagelt oder gebunden. Diese

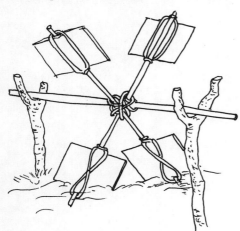

Zweigstücke werden dann gekreuzt und an einer Achse (daumendick) festgebunden. Dabei muß darauf geachtet werden, daß die Schnur ganz festgezogen wird. Diese Konstruktion wird dann in zwei Astgabeln gelegt, die in den Boden eines Baches oder Flusses gesteckt werden.

Unterwasserteleskop

An der Wasseroberfläche spiegeln sich der Himmel und die Umgebung eines Gewässers. Mit einem Unterwasserteleskop können Sie diese störenden Reflexe ausschalten und ganz klar sehen, was sich unter der Oberfläche tut.

Sie nehmen eine leere Konserven- oder Kaffeedose und entfernen den Boden, so daß Sie eine Röhre erhalten. Über den Boden wird jetzt eine kräftige, klare Folie (z.B. Gefrierbeutel) gezogen und an der Seite mit doppelt genommenen Einmachgummis befestigt. Wenn Sie nun die Dose mit der Folie nach unten ins Wasser tauchen, sehen Sie wie mit einer Taucherbrille, was sich unter Wasser befindet.

Wenn Sie ein größeres Sichtfeld wünschen, so nehmen Sie einen schwarzen Baueimer (10 Liter), dessen Boden Sie ausschneiden. Die Folie muß noch etwas stärker sein; Baufolie ist gut geeignet. Zum Befestigen legen Sie einen Streifen doppelseitiges Tapetenklebeband rings um das untere Ende des Eimers, drücken die gespannte Folie daran fest und sichern dann noch mit Schnur oder Draht, die Sie um Folie und Eimer herumführen.

Secchi-Scheibe

Eine sehr einfache Methode, die *Gewässergüte* von Seen zu bestimmen, ist die Ermittlung der Sichttiefe und der Wassertrübung mittels einer Secchi-Scheibe. Eine kreisrunde Holzplatte von etwa 25 cm Durchmesser wird in vier Feldern abwechselnd schwarz und weiß mit wasserfestem Lack bemalt. Unten wird ein Gewicht befestigt, das die Scheibe unter Wasser ziehen kann. Oben wird an vier Aufhängepunkten eine Schnur befestigt, die alle 50 cm einen Knoten aufweist. Wenn Sie nun von einem Boot aus die Scheibe in einem See absenken, können Sie angeben, ab welcher Tiefe sie nicht mehr zu erkennen ist.

Gütetabelle für den Sommer

Sichttiefe	Qualität
0,5–1,5 m	schlecht
1,5–3 m	mittel
3–6 m	gut
über 6 m	sehr gut

Kronenkorkenfrösche

Sie brauchen dazu zwei Kronenkorken, zwei kleine schwarze Perlen, roten Filz, grüne Dispersionsfarbe (Plaka) und Klebstoff. Auf der untenstehenden Zeichnung sehen Sie, wie solch ein „Frosch" hergestellt wird. Es sieht hübsch aus, wenn Sie eine große Zahl dieser Frösche um ein Teichmodell im Klassenzimmer versammeln.

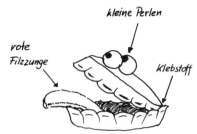

Ideenkiste

Wasserpflanzen vermehren

Weiden lassen sich leicht durch Stecklinge vermehren. Lassen Sie die Kinder einige bleistiftdicke Zweige abschneiden und in ein mit Wasser gefülltes Glas stellen! Bald erscheinen die ersten Wurzeln.

Die gelbe Wasserschwertlilie bildet im Sommer bis zum Herbst große, längliche Samenkapseln mit vielen Samen. Die Samen sind Kaltkeimer, d.h. sie keimen nur, wenn sie eine mehrwöchige Kälteeinwirkung bis etwa 5°C mitgemacht haben. Dies bringt der Pflanze den Vorteil, daß die jungen zarten Sämlinge nicht überwintern müssen, wobei sie Schaden erleiden könnten.

Die Rolle der Kälteeinwirkung läßt sich durch folgenden Versuch erfahren:

Füllen Sie zwei Schalen mit Aussaaterde und geben Sie gleich viel Samen darauf. Eine Schale bleibt im Klassenzimmer, wo sie immer etwas feucht gehalten wird. Die andere Schale kommt ins Freie und bleibt dort bis Ende Februar. Wenn sie dann ins Warme geholt wird, erscheinen nach einigen Wochen die ersten Sämlinge, während sich in der anderen Schale nichts rührt. Die Keimhemmung wird allerdings abgebaut, wenn Sie diese Schale (in einer Plastiktüte) vier Wochen lang in den Kühlschrank stellen.

Die Sämlinge sollten Sie weiterkultivieren, einmal umtopfen und dann ins Freie pflanzen. Wenn Sie die Pflanzen bei einem Schulfest verkaufen, füllen Sie nicht nur die Schulkasse, sondern tun auch etwas für die Erhaltung gefährdeter Pflanzen. Die Samen dürfen Sie aber nicht von einer Pflanze ernten, die in der freien Natur wächst, da die Gelbe Wasserschwertlilie (Iris pseudacorus) unter *Naturschutz* steht. Sie können Samen vom Schulteich oder vom Gartenteich holen oder ihn im Blumenhandel kaufen.

Steckbrief eines Baches

Gehen Sie mit Ihrer Klasse einen Bach von der Quelle bis zur Mündung ab. Die Kinder erhalten vorher eine Kartenskizze, auf der der ungefähre Verlauf des Baches eingezeichnet ist. Sie erkunden und zeichnen ein:
- Welche Dörfer, Wälder, Straßen liegen an seinem Weg?
- Wo wächst ein besonders großer Baum an seinem Ufer? Welche Baumart ist es?
- Wo darf er frei fließen, wo zwängt er sich durch eine Betonrinne?
- Welche Zuflüsse und Abwassereinleitungen hat er?
- Wie klar ist das Wasser an der Quelle und an der Mündung?

Schützt das Wasser!

Beinahe täglich können Sie auf *Zeitungsmeldungen* stoßen, in denen über verschmutzte Gewässer, Ölunfälle und Wasserfrevel berichtet wird. Reservieren Sie einen Teil des Schwarzen Brettes im Klassenzimmer für solche Wasserthemen! Lassen Sie die Kinder Zeitungsausschnitte und Bilder dazu mitbringen!

Die Gefahr von Öl für das Wasser können Sie mit einem einfachen *Demonstrationsversuch* anschaulich machen. Ein einziger Tropfen Öl (Nehmen Sie Salatöl, sonst haben Sie Entsorgungsprobleme!) verseucht einen ganzen Eimer Wasser. Lassen Sie die Kinder darüber sprechen: Was bedeutet das für Frösche und Kleinlebewesen?

Nicht jedes Wasser, das sauber aussieht, ist auch sauber. Eine *unsichtbare Wasserverschmutzung* können Sie demonstrieren mit etwas Spülmittel oder Salz in einer Schüssel Wasser.

In vielen Bächen oder Weihern sammelt sich im Lauf der Zeit Müll an, seien es alte Autoreifen, Plastiktüten oder Bierflaschen. Unternehmen Sie mit den Schülern eine *Bachsäuberungsaktion*. Die meisten Stadt- oder Gemeindeverwaltungen stellen gerne Container zum Abtransport des herausgeholten Abfalls zur Verfügung. Versuchen Sie, möglichst viele in Ihre Aktion einzubeziehen! Laden Sie Eltern dazu ein, sprechen Sie mit örtlichen Vereinen über die Mithilfe und laden Sie die Presse ein! Je mehr sich beteiligen, desto größer sind Eifer und Spaß bei den Kindern.

Durch eine solche Aktion fördern Sie die Bereitschaft der Kinder, die Natur zu schützen. Zugleich lernen sie auch, soziale Verantwortung zu übernehmen, indem sie etwas in Ordnung bringen, was sie gar nicht verursacht haben.

Spielvorschlag:

Die Kinder sitzen auf Stühlen oder auf der Erde in einer langen Reihe hintereinander. Alle Bewegungen werden möglichst gleichzeitig und fließend ausgeführt. (Sonst wackelt das Boot.) Bei den verschiedenen Strophen geht es immer zuerst nach links, dann nach rechts.

Kinder mit Links-Rechts-Schwierigkeiten werden mit einem geschickten Vorwand nach hinten gesetzt. (Der Steuermann sitzt nie vorne im Boot.) So können sie sich an den Vorbildern orientieren.

Ich schaukel auf dem Wasser
Fischerlied

1. Ich schaukel auf dem Wasser, erst nach links und dann nach rechts. Die Winde wehn, die Wellen gehn, mein Boot fährt übers Meer.

2. Ich werfe meine Netze...
3. Ich schaue über's Wasser...
4. Ich wink zu andern Fischern...
5. Ich zieh die Netze ein, erst von links und dann von rechts.

(aus: MC 1, 2, 3 im Sauseschritt. Menschenkinder Musikverlag Münster)

**Weißt du,
daß alles sprechen kann?**

Friedl Hofbauer

Wie sprechen die Fische?
Mit ihrem Blitzen
und Spritzen,
mit Aus-dem-Wasser-Hupfen,
mit Schuppen und Tupfen,
mit Flossen und Schwänzen,
mit glitzernden Tänzen,
mit Naßsein und Glattsein,
mit lustigem Sattsein.

Wie sprechen die Blumen?
Eine Blume ruft
mit Duft.
Sie sagt „Schau!"
mit Blau.
Mit Grün sagt sie „Du!"
zur Kuh.
Mit Rot sagt sie: „Find
mich,
Kind!"
Aus grünem Versteck
schreit ein gelber Fleck:
„Ich fehl' in deinem Strauß,
nimm mich mit nach Haus!"

Wie sprechen die Steine?
Mit scharfen Splittern,
mit Katzensilberflittern,
mit Kieselrundheit,
mit Kieselbuntheit,
mit Winzigkleinsein,
mit Hosensackschwere,
mit Hart-wie-ein-Stein-Sein,
mit Au-im-Schuh-Drücken
und Müdsein im Rücken
vom Bücken.

Wald

Zielgruppe

- Grundschüler, hauptsächlich des 4. Schuljahres
- Alle Klassen bei Schullandheimaufenthalten, Wanderungen, Unterrichtsgängen, am Tag des Baumes…

Was Sie beachten sollten:

Der Lebensraum Wald ist nur *draußen* zu erleben. Die sinnlich erfahrbare Natur muß Ausgangspunkt des Lernens sein. Wissen, das nicht auf solchen Erfahrungen fußt, ist toter Ballast, der bald abgeworfen und vergessen wird. Auch Erwachsene denken bei dem Wort „Wald" weniger an seine Funktion im Naturhaushalt, an seine stockwerkartige Gliederung oder seine Artenzusammensetzung. Genau das verlangen wir jedoch oft von den Kindern. „Wald" – das ist der Geruch von Harz und Humus, die Kühle in seinem Inneren, der rotleuchtende Fliegenpilz im Moos. Ohne diese sinnlichen Eindrücke können Kinder den Wald nicht *hochschätzen* lernen. Demnach sollten die Kinder nicht nur kognitive Erkenntnisse gewinnen, sondern auch

- mit allen Sinnen wahrnehmen: fühlen, hören, riechen und schmecken;
- Tiere und Pflanzen beobachten, beschreiben und malen;
- spielerisch mit Naturmaterial umgehen und spielerisch lernen;
- jahreszeitliche Veränderungen wahrnehmen;
- sich erholen und den Wald genießen;
- bereit werden, Wald und Natur zu erhalten, und ihr Verhalten darauf abstimmen.

Es dürfte kaum ausreichen, einmal im vierten Schuljahr in den Wald zu gehen und damit das Thema als „erledigt" zu betrachten, selbst wenn ein solcher Unterrichtsgang mit erheblichem organisatorischen Aufwand verbunden ist.

Folgende didaktische Kniffe haben sich bewährt:

- Lassen Sie die Kinder nicht ziellos im Wald „umhergehen", sondern setzen Sie ihnen *Ziele,* auch emotionale!
- Lehren Sie das *Hinschauen* und machen Sie auf Details aufmerksam! Ein Gang in den Wald sollte kein Sonntagsspaziergang vor „grüner Tapete" sein!
- Entdecken Sie zusammen mit den Kindern den *Reichtum des Lebens im Kleinen!* Suchen Sie Tierspuren und Kleinlebewesen, die nicht wie Reh und Hirsch davonlaufen!
- Bilden Sie *Gruppen,* denn Beobachtungen und Erlebnisse sind in einer Gruppe leichter möglich als im großen „Haufen"!
- Geben Sie *Zeit* zum selbstentdeckenden Lernen!
- Ermöglichen Sie *Schülerselbsttätigkeit!* Was einem verbal erklärt wird, merkt man sich nur zu einem geringen Prozentsatz; was man tut, behält man beinahe vollständig.
- Lassen Sie Gegenstände in die Hand nehmen, lassen Sie *spielen und basteln!* Wie Kiefernrinde aussieht, prägt sich ein, wenn man z. B. ein Schiffchen aus Kiefernrinde schnitzt.

…und das Waldsterben?

Das Sterben unserer Wälder bedroht Menschen und Tiere, unsere Landschaft und Kultur. Es kann deshalb nicht aus dem Unterricht ausgeschlossen werden. Dennoch sollte unser Ansatzpunkt zuerst einmal sein, *das Schöne in der Natur und die „heile Welt" zu entdecken.* Kinder können nicht leben mit dem Weltbild: Es ist schon alles kaputt. Wenn wir eine positive Einstellung zum Wald gewonnen haben, sind wir auch bereit, ihn zu schützen. Vor allem ist das Geschick der Lehrkraft gefordert, Handlungsmöglichkeiten zu finden, wie die Schüler durch e i g e n e s T u n etwas gegen das Waldsterben unternehmen können. Auch wenn das nur marginale Taten sind, wie z. B. Strom im Klassenzimmer sparen, Müll vermeiden, beim Sonntagsausflug mit dem Fahrrad statt mit dem Auto fahren, sollten wir die Bedeutung für das Umweltlernen und die Entwicklung einer naturbewahrenden Haltung nicht gering achten.

Unterrichtsgang

Es bereitet oft Schwierigkeiten, die Klasse auf einem längeren Unterrichtsgang in die Natur „bei der Stange zu halten". Gute Erfahrungen habe ich mit Aufträgen gemacht, die auf dem Weg zum Ziel erledigt werden können und nicht in erster Linie die kognitiven Fähigkeiten ansprechen – das wird oft genug verlangt –, sondern die ihre *Beobachtungs- und Entdeckungsfreude* herausfordern.

Noch besser ist es, einen Unterrichtsgang nur mit diesen Zielen zu gestalten, die die Beziehung der Schüler zu natürlichen Dingen vertiefen. Als Motivation kann z. B. dienen, daß wir Dinge für eine *Naturschatzkiste* oder ein kleines *Naturmuseum* im Klassenzimmer sammeln.

Hierbei ist es sehr empfehlenswert, Gruppen zu bilden und die Schüler selbständig arbeiten zu lassen. Der Lehrer hält sich im Hintergrund. Man kann allen Gruppen die gleichen Aufträge geben (siehe unten) oder auch jede Gruppe etwas anderes finden lassen.

Ein Unterrichtsgang in den Wald

Bringt bitte aus dem Wald mit:
1. Etwas, was kräftig riecht
2. Drei verschiedene Samen
3. Etwas Weiches
4. Ein Eichenblatt vom Vorjahr
5. Ein kleines Stück Moderholz

Diese Dinge wollen wir dann gemeinsam im Klassenzimmer betrachten. Wir sind schon gespannt darauf, was ihr findet.

KV 9

© R. Oldenbourg Verlag GmbH, München / Miethaner, Umwelterziehung in der Grundschule

27

Hier sind noch weitere Anregungen für solche Aufträge:

1. Etwas, an dem Tierspuren zu erkennen sind
2. Ein Schneckenhaus
3. Eine Feder
4. Etwas besonders Schönes
5. Fünf Abfallstücke, die von Menschen im Wald gelassen wurden
6. Etwas Spitzes oder Scharfes
7. Eine Pflanzengalle
8. Das größte Ahornblatt
9. Ein Knochen
10. Eine rote, blaue und schwarze Frucht
11. Etwas, was durch einen Windhauch fortgetragen werden kann
12. Etwas vollkommen Gerades
13. Eine Klette
14. Drei verschiedene Zapfen
15. Ein getarntes Kleintier
16. Ein Vogelruf, den du nachpfeifen kannst
17. Etwas, das stinkt
18. Etwas sehr Buntes
19. Etwas, das ein Geräusch macht
20. Ein „Stein", der von Menschen gemacht ist

Waldrallye

Der Tag des Baumes — wie er nicht sein sollte: Der Förster läuft voraus durch den Wald, bleibt an verschiedenen Stellen stehen und erzählt etwas über Wald und Bäume. Ein kleines Häufchen von 5 bis 10 Aufmerksamen lauscht seinen Ausführungen, die restlichen 20 Schüler unterhalten sich bestenfalls oder werfen mit Stöcken und Laub, umkreist von der Lehrkraft, die die Kinder zu Ordnung und Aufmerksamkeit zu bewegen versucht.

Unser Vorschlag für eine Waldrallye soll dagegen den Schülern *selbständige Entdeckungen* ermöglichen und *sinnliche Walderfahrungen* vermitteln.

Wir haben einen Rundkurs durch den Wald gelegt, etwa 5 km lang, dessen Verlauf von den Schülern selbst gefunden wird anhand von angebrachten Markierungspunkten (Pappkreise), die den Weg, ähnlich wie bei einer Schnitzeljagd, kennzeichnen. Selbstverständlich muß die Route so gewählt sein, daß sie *Gefahrenstellen* umgeht. Stellen, an denen man sich verirren könnte, erhalten besonders viele und deutliche Markierungspunkte.

Auf diesem Weg liegen einzelne Stationen, an denen bestimmte Aufgaben zu erledigen sind. Die Aufgaben sollen möglichst vielgestaltig sein, neben herkömmlichen Wissensaufgaben (Welcher Baum ist das?) finden sich auch solche, die die Sinne (hören, riechen...) herausfordern.

Die Schüler gehen selbständig ohne Lehrkraft (im 1./2. Schuljahr mit Lehrkraft), am besten in Gruppen zu je 5–7 Schülern und je nach Anzahl der Teilnehmer in 5–10 Minuten Abstand. Jede Gruppe führt einen Laufzettel mit sich, auf dem die Aufgaben vermerkt sind und die Lösungen eingetragen werden.

Am Ausgangs- und Zielpunkt — bei uns ist es der Schulhof — werden die Zettel korrigiert und nach einem vorher festgelegten Punktesystem bewertet. Wir haben aber nicht die beste Gruppe belohnt, sondern unter allen teilnehmenden Gruppen *einen Preis ausgelost*. Es sollte kein zu großer Konkurrenzdruck entstehen, sondern vielmehr das Gemeinsame beim Durchlaufen dieser Waldrallyestrecke betont werden.

Wir haben an unserer Schule Erfahrungen von der 1. bis zur 6. Klasse gesammelt, doch sicher können auch höhere Klassen solch einen Rundkurs mit Genuß erleben. Auf Seite 29 ist ein *Laufzettel* abgedruckt.

Anregungen für weitere Stationen:

* Fühlkisten mit Dingen, die nur durch Betasten zu erkennen sind, z.B. Sand, Kiefernzapfen, Moos, Picknickabfall, Rinde;
* Benennen und Unterscheiden von natürlichen und künstlichen Steinen, z.B. Sandstein, Kalkstein, Basalt, Ziegelstein, Beton, Kieselstein;
* Auffinden von vier verschiedenen Gegenständen, an denen Tierspuren zu erkennen sind;
* Herausfinden, von welchen Tieren die Spuren stammen, z.B. angenagter Fichtenzapfen, Pferdeapfel, Rehverbiß an Jungpflanze, Borkenkäferspuren an einem abgelösten Rindenstück;
* Aufschreiben eines Gedichts über den Wald mit mindestens vier Zeilen;
* Schätzen der Höhe eines Baumes;
* Zählen der Jahresringe an einem abgesägten Baum oder Baumstumpf und Feststellen des Alters;
* Sammeln von vier besonders schönen Blättern;
* Ausstellen einiger Waldpflanzen und Finden möglichst phantasievoller, eigener Namen, z.B. für Kriechenden Günsel, Knoblauchrauke, Große Sternmiere, Sternmoos, Waldschmiele;
* Zuordnen von Samen und Bäumen, z.B. Ahorn, Kiefer, Pappel, Haselnuß, Lindenblüte;
* Herstellen eines Rindenabdruckes von zwei Bäumen.

Spielen

Baumbilder

Diese Baumbilder sind nicht als Ersatz für eine Beschäftigung mit den wirklichen Bäumen und deren Blättern bzw. Nadeln gedacht. Denn: Das Wichtigste ist die *originale Begegnung*. Mit den Bildern kann man aber als Gedächtnisstütze z.B. ein Baumfries im Klassenzimmer gestalten. Hierzu vergrößert man die Zeichnungen zweimal, was sich auf den modernen Kopiergeräten problemlos machen läßt, schneidet sie aus, bemalt sie, zieht sie auf Karton auf und bringt sie mit Beschriftung an.

Laufzettel für: _____	KV 10

Klasse: _____

Station	Aufgaben ↓	Bitte hier ausfüllen! ↓	Auswertung	
1	**Hecke:**	Welche Heckensträucher erkennt ihr? ① _____ ② _____ ③ _____ ④ _____		
2	**Blüten:**	Schätzt, wie viele Blüten und Blütenknospen dieser Apfelbaum hat! _____		
3	**Nistkästen:**	Für welche Tiere sind diese Nistkästen? _____ _____ Wie viele sind es? _____		
4	**Riechen:**	Öffnet die Döschen vorsichtig und riecht, was darin ist! ① _____ ② _____ ③ _____ ④ _____		
5	**Bäume:**	Schätzt den Umfang des Baumes in 1 Meter Höhe! _____		
6	**Waldtiere:**	Schreibt auf, welche Waldtiere ihr auf dem Bild (S. 27) erkennt! _____ _____ _____ _____		
7	**Bäume:**	Schreibt die Namen der numerierten Bäume auf! ① _____ ② _____ ③ _____ ④ _____ ⑤ _____ ⑥ _____		
8	**Hören:**	In den vier Schachteln sind vier verschiedene Dinge. Schüttelt sie vorsichtig und versucht, sie durch Hören zu erkennen! Zur Auswahl stehen: Schneckenhäuser, Walnüsse, Fichtenzapfen, Haselnüsse, Korken, Kieselsteine. Vier davon sind richtig. ① _____ ② _____ ③ _____ ④ _____		
→	**Mitbringen:**	Bringt ein Eichenblatt vom Vorjahr mit!		
→	**Singen:**	Singt bei der Rückkehr eine Strophe eines Liedes, in dem das Wort „Wald" vorkommt!		
	Viel Spaß!			

© R. Oldenbourg Verlag GmbH, München / Miethaner, Umwelterziehung in der Grundschule

KV 11

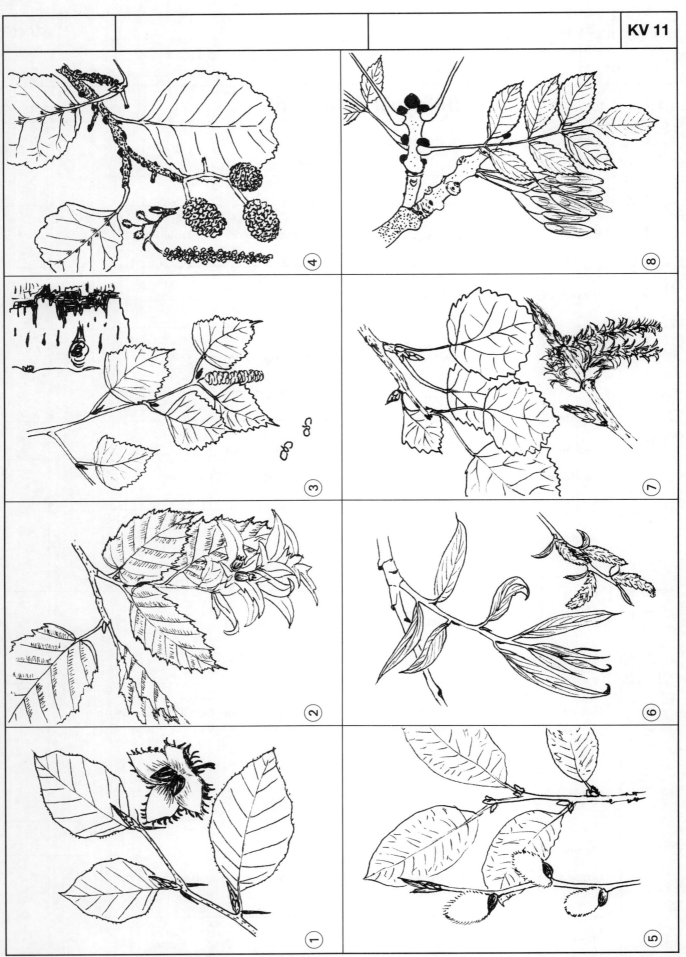

KV 12

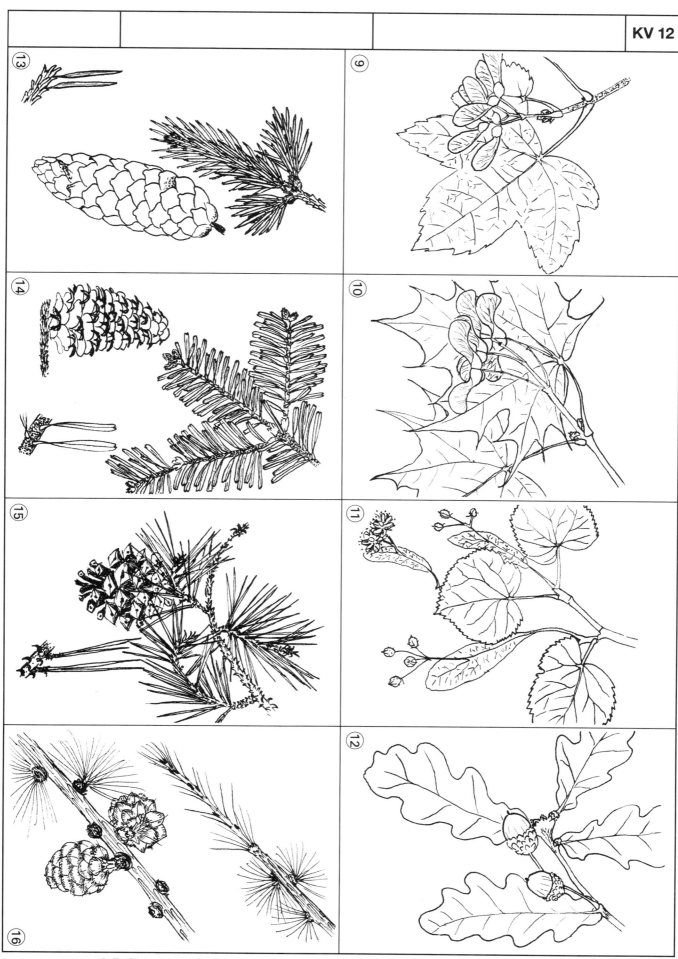

Mit den Bildern läßt sich auch ein *Kartenspiel* herstellen, das in Freiarbeitsphasen oder vor dem Unterricht angeboten wird, um die Baumarten kennenzulernen. Dazu werden die Seiten kopiert, ausgeschnitten, eventuell bemalt und auf Karton aufgeklebt. Auf die Kartonrückseite werden die Namen geschrieben. Um die Karten zu schützen, empfiehlt es sich, sie mit Klebefolie zu beziehen.

Um Regeln für das Kartenspiel braucht man nicht verlegen zu sein, die Schüler finden selbst viele Möglichkeiten. Meine Schüler spielten am liebsten auf folgende Weise: Mehrere Kinder sitzen in der Leseecke. Eines hält eine Karte hoch; wer zuerst den Namen des Baumes nennen kann, bekommt die Karte. Gewonnen hat, wer die meisten Karten erhalten hat. Sie werden feststellen, nach kurzer Zeit können die Schüler die dargestellten Bäume blitzschnell benennen.

Folgende Bäume sind abgebildet:

Seite 30

1. Rotbuche   2. Hainbuche
3. Weißbirke   4. Schwarzerle
5. Salweide   6. Silberweide
7. Zitterpappel (Espe) 8. Esche

Seite 31

 9. Bergahorn   10. Spitzahorn
11. Linde   12. Stieleiche
13. Fichte   14. Tanne
15. Kiefer   16. Lärche

Gedächtnisspiel

Es werden 10 bis 20 Gegenstände (Schneckenhäuser, verschiedene Zapfen, Federn, Früchte, Rinde, Moos, Blüten...) auf den Waldboden, auf ein Tuch oder auf einen Tisch gelegt und benannt. Alle Mitspieler versuchen zwei Minuten lang, sich die Gegenstände einzuprägen. Dann wird ein Tuch darübergebreitet, und jeder Spielteilnehmer schreibt auf, was er sich hat merken können.

Das Spiel kann auch abgewandelt werden: Welche Gegenstände stammen nicht aus dem Wald, sind nicht natürlich, stammen nicht aus unserem Land...?

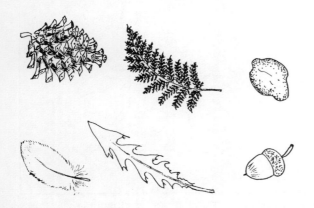

Die Gegenstände sind mit Bedacht auszuwählen: Jeder soll für sich allein wirken und interessant sein. Zum Merken ist es einfacher, wenn man Gruppen bilden kann, z.B.: Drei Zapfen, zwei Rinden...

Spielen

Joseph B. Cornell, der viele Spiele in und mit der Natur entwickelt hat, nennt einige Grundsätze, die wichtig sind, um Kinder für die Natur zu begeistern.

* *Lehre weniger* und *teile mehr von deinen Gefühlen mit!* Neben bloßen Fakten über die Natur sollen wir auch vom Respekt und der Ehrfurcht ihr gegenüber sprechen.
* *Sei aufnahmefähig!* Achte auf die Gestimmtheiten und Wünsche der Kinder und auf das, was um dich herum vorgeht!
* *Sorge gleich zu Anfang für Konzentration!* Nur so können sich die innere Ruhe und Aufnahmebereitschaft einstellen, die verhindern, daß ein Spiel zur „Gaudi" wird.
* *Erst schauen und erfahren, dann sprechen!*
* *Das Erlebnis soll von Freude erfüllt sein!*

Verstecken

Dieses Spiel soll die Beobachtungsgabe schärfen und den Sinn der *Tarnung im Tierreich* erkennen lassen.

An einem Pfad werden auf einer nicht zu langen Strecke (20–30 Meter) einige künstliche Gegenstände so ausgelegt, daß sie zum Teil gut sichtbar sind (Coladose obenauf), teilweise auch nur schwer zu erkennen sind (Bierflasche im Reisighaufen, Wollfaden). Es wird zuerst nicht bekanntgegeben, wie viele Gegenstände zu finden sind. Die Schüler gehen die Strecke einzeln oder in Gruppen langsam ab und schreiben auf, was sie entdecken. Daran anschließen kann sich vielleicht noch ein zweiter Gang, vor dem die zu findenden Dinge benannt worden sind.

Am Schluß wird darüber gesprochen, warum manche Gegenstände so schwer zu finden waren, und wie sich Tiere tarnen. Vielleicht versucht die Klasse noch, einige getarnte Tiere zu finden.

Hier ist etwas falsch

Mit diesem Spiel sollen die Kinder lernen, *auf Details zu achten* und Zusammenhänge über den *Bau von Pflanzen* zu erkennen.

Es wird ein Pfad festgelegt, der je nach Jahrgangsstufe zwischen 50 m und 1 km lang sein kann. Wenn der Pfad nicht gut zu erkennen ist, kann man auch eine Schnur zur Markierung anbringen. Oder man sucht sich einen bestimmten Platz aus, an dem man dieses Spiel durchführt, z. B. einen umzäunten Garten, eine Waldlichtung oder ein Stück des Waldrandes.

Nun werden an einigen Stellen, die man mit einem Fähnchen ungefähr andeuten kann, einige Dinge eingeschmuggelt, die nicht an den jeweiligen Ort gehören. Das kann z. B. eine Eichel an einer Birke sein, oder ein Buchenblatt an der Haselnuß. Andere Möglichkeiten sind z. B.: Pilze aus Knet, Schneeballblüte an Holunder, Schlehen an Hartriegel, ein Fichtenzapfen an einer Kiefer, Muscheln auf dem Waldboden, ein roter Sandstein in einer Kalkgegend, eine blühende Rapspflanze im Wald.

Zu achten ist natürlich, daß kein Abfall herumliegt, der als künstlich erkannt wird. Die „Verbindungsstellen" müssen gut getarnt sein, z. B. durch Übermalen mit Plakafarbe.

Auch hier kann man Gruppen bilden, denn bei einer Klasse von 25 bis 30 Schülern würde ein einzelnes Abschreiten der Route einfach zu lange dauern. Die Auflösung am Schluß darf natürlich nicht fehlen.

Die Karl May-Fans seien an Old Shatterhand auf dem Beifußberg erinnert.

Einem Baum begegnen (nach J. B. Cornell)

Es kommt oft vor, daß man die Bäume vor lauter Wald nicht sieht. Dieses Spiel hilft, Bäume als Individuen wahrzunehmen. Durch das Verbinden der Augen sollen die Sinne geweckt werden, die sonst dem dominanten Gesichtssinn untergeordnet sind.

Es ist ein Spiel in Paaren. Die Augen eines Partners werden verbunden, der andere führt ihn zu einem Baum, der ihn „anzieht" (Entfernung 15–30 m), und hilft dem „Blinden", den Baum kennenzulernen: Umfasse den Baum mit den Armen! Lebt der Baum noch? Hat er Äste in Reichweite? Wie fühlt sich seine Rinde an? Ist er bemoost oder von Flechten bewachsen?

Nachdem der Partner gründlich Bekanntschaft mit dem Baum gemacht hat, wird er wieder zum Ausgangspunkt zurückgeführt und die Augenbinde abgenommen. Nun versucht er allein, seinen Baum wiederzufinden.

Bei diesem Spiel ist es wichtig, daß man zu Beginn für eine ruhige Atmosphäre sorgt und betont, daß der „Sehende" für seinen Partner verantwortlich ist und ihn so führen muß, daß er nicht stolpert und sich verletzen kann. Ein Gespräch über die Merkmale, die das Wiederfinden ermöglicht haben, kann sich anschließen.

Blinde Barfußraupe (nach G. Trommer)

Füße sind sensible, reizempfindliche Organe, mit denen sich sinnlich Natur erfahren läßt. Eine Gruppe von 10 bis 20 Schülern verbindet sich die Augen, mit Ausnahme des „Kopfes" der Raupe. Die Raupe sollte nicht zu lang sein, weil sie sonst leicht auseinanderfällt.

Die Gruppe marschiert los in unbekanntes, vorher nicht eingesehenes Gelände, alle barfüßig hintereinander im Gänsemarsch, wobei jedes „Raupenglied" (mit Ausnahme des „Kopfes") jeweils beide Hände auf die Schultern des vor ihm gehenden Kindes legt. Wer vorne geht, ist für seinen Nachfolger verantwortlich und warnt ihn gegebenenfalls vor Hindernissen. Die Lehrkraft kann die Blinde Barfußraupe durch leise Zurufe dirigieren.

Der Weg wird so gewählt, daß möglichst unterschiedliche Fuß-Boden-Erfahrungen genossen werden können: Von einem kiesigen Fahrweg über weiche Moospolster und pieksige Nadelstreu zu rutschig-kalten Feuchtstellen und sonnigen, glatten, fußfreundlichen Pfaden. Die Strecke kann je nach Zeit und Alter der Teilnehmer von 100 m bis 1 km lang sein. Danach nimmt die Gruppe die Augenbinde ab und erzählt sich von dem Erlebnis Waldboden. Die Schüler versuchen dann, den Weg anhand ihrer *Fuß-Tasterlebnisse* zurückzuverfolgen.

Einen Bach oder seichten Fluß barfüßig zu durchwaten gehört zu den Urerfahrungen, die jeder Mensch schon einmal genossen haben sollte. Dazu und zu obigem Spiel bieten *Schullandheimaufenthalte* eine gute Gelegenheit.

Forschen

Waldboden – vom Laub zum Humus

Wir suchen eine Stelle im Laubwald *mit dicker Laub- und Humusauflage* auf. Die Schüler graben mit den Händen langsam ein Loch bis auf den Mineralboden und betrachten dabei die Zusammensetzung des Bodens. Sie erkennen, daß oben noch ganze, trockene braune Blätter liegen, die höchstens einige Fraßspuren aufweisen. Darunter befindet sich eine Schicht mit zerkrümeltem Laub. Daran schließt sich eine Schicht mit ganz feinen dunklen Laubkrümeln (Humus) an, die sich allmählich mit dem darunter liegenden Lehmboden (je nach Bodenart) vermischt.

Wir streichen *ein Stück Karton* streifenweise mit *Kleister* ein und kleben einige repräsentative Bestandteile der einzelnen Schichten auf. Dabei sehen wir, daß die Teile von oben nach unten kleiner und dunkler werden und Laub zu Humus wird.

Man kann auch *vier Tapetenbahnen mit Kleister* bestreichen und auf die jeweils freigelegte Schicht legen. Das Laub und die Krümel bleiben kleben und veranschaulichen die Zusammensetzung des Bodens.

Während des Grabens merken die Schüler, daß einzelne *Tiere* den Boden bewohnen. Wir setzen sie in *mitgebrachte Gläser* oder klare Filmdöschen und betrachten sie. Meist finden sich Asseln, Schnurfüßler, Tausendfüßler, Würmer, Spinnen, Käfer und auch Schnecken. Im Gespräch läßt sich klären, daß diese Tiere meist Pflanzenfresser sind, sich aber auch „Räuber" darunter befinden. Diese Kleintiere sind es, die mit Bakterien und Pilzen Laub zu Humus machen. Die Schüler werden das Wirken dieser Tiere, auf die man meist nicht achtet, bestaunen und bewundern lernen und sehen, wie abhängig die Natur und wir von diesem Leben im Kleinen sind.

Mit älteren Kindern kann man den Versuch unternehmen, einige dieser Tiere zu bestimmen. Ein größeres Spektrum an Bodentieren bekommt man mit einem Berleseapparat zu Gesicht. Dieser Apparat zwingt durch Erwärmen, Austrocknen und Belichten einer Bodenprobe die ganz kleinen Tiere zum gerichteten Verlassen des Bodens.

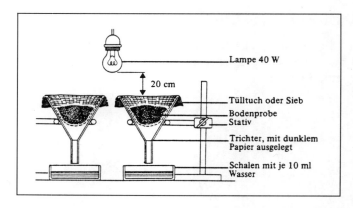

Im Herbst macht es den Kindern besonderen Spaß, im Laub zu rascheln und zu waten und bunte Blätter zu sammeln.

Pilze

Pilze gehören zum Lebensraum Wald, weil sie einerseits an der Zersetzung von Laub und Holz beteiligt sind und andererseits mit Baumwurzeln eine Lebensgemeinschaft eingehen. In der Schule sind Pilze meist Objekt für Bestimmungs- und Ordnungsübungen, anhand des Knollenblätterpilzes werden Giftigkeit und Verwechslungsmöglichkeiten gezeigt. Im folgenden sind Anregungen für einige andere Themen.

Baumstrünke und Totholz

Wir achten beim Pilzspaziergang nicht hauptsächlich auf die auffälligen Ständerpilze (Fliegenpilz, Steinpilz...), sondern nehmen alte Baumstümpfe, herumliegendes Holz und Aststücke unter die Lupe. Wir zerlegen dieses Holz, zerkrümeln es zwischen den Fingern und riechen daran. Dabei registrieren wir die Verfärbung, die faserige Struktur, das geringe Gewicht und den pilzartigen Geruch. Auf einigen Holzstücken sehen wir kleine Baumpilze und das weiße Pilzgeflecht, das sich unter der Rinde und im Holz ausgebreitet hat. Wir nehmen ein Stück leichtes Pilzholz, suchen ein gleich großes Frischholzstück und vergleichen das Gewicht beider. Man kann sie auch ins Klassenzimmer mitnehmen und dort wiegen. Aus dem

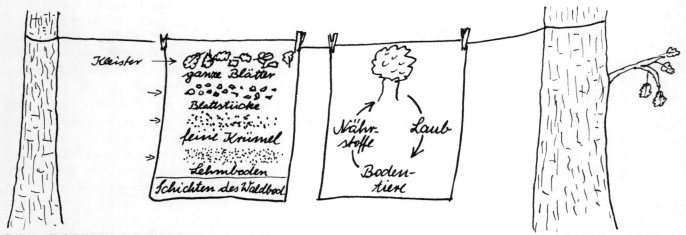

Dieses „Tafelbild" kann man im Wald auf große Pappbogen schreiben und es mit Reißnägeln an Bäumen befestigen oder an einer schnell gespannten Schnur aufhängen.

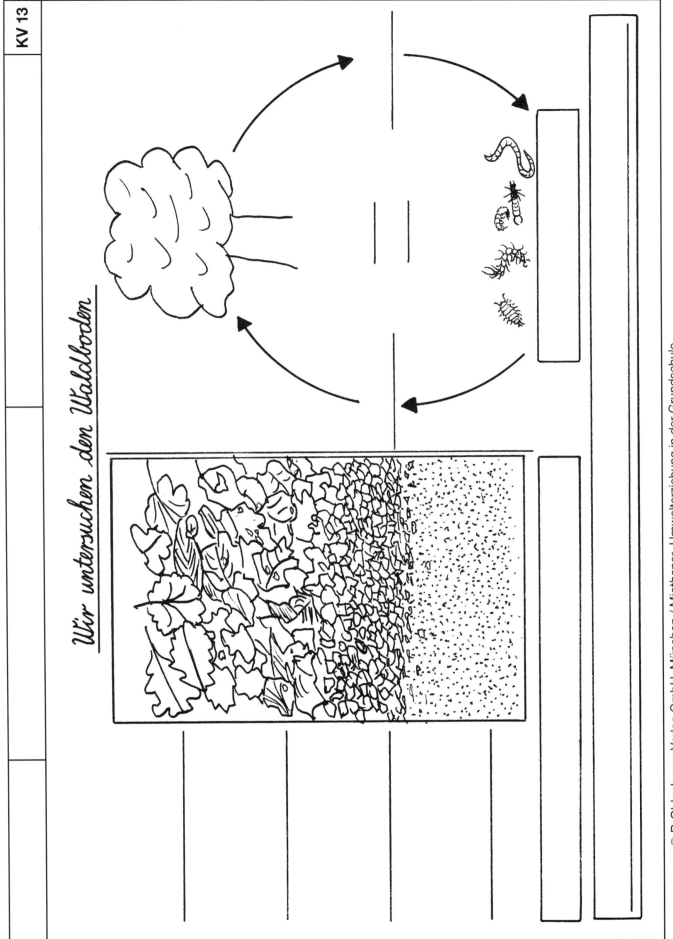

Wir untersuchen den Waldboden

KV 14

Warum sind Pilze für den Wald so wichtig?

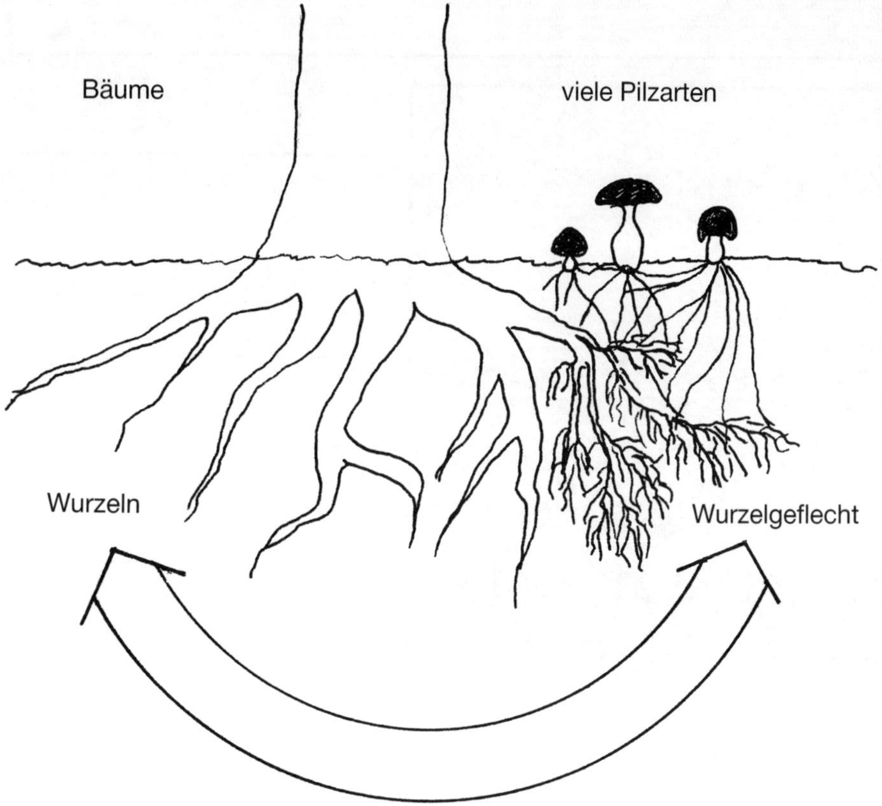

Bäume

viele Pilzarten

Wurzelgeflecht

Wurzeln

Versuch:

frisches Holz

verpilztes Holz

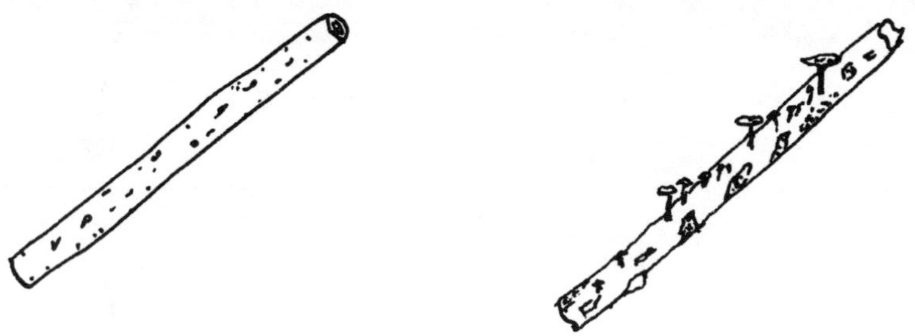

Überlege: Soll man Giftpilze zertreten?
Was wäre, wenn es im Wald keine Pilze gäbe?

© R. Oldenbourg Verlag GmbH, München / Miethaner, Umwelterziehung in der Grundschule

36

geringen Gewicht schließen wir, daß das Holzstück schon stark zersetzt ist. Auf dem Waldboden oder bei einer kleinen Ausstellung im Klassenzimmer legen wir eine „*Abbaureihe*" aus:
Frischholz – noch festes Altholz – verpilztes Holz mit Fruchtkörpern – leichtes, helles Pilzholz – Holzkrümel – Humus.
Auch in der Laubstreu finden wir Pilze, deren Wurzelgeflecht oft eine ganze Handvoll Blätter zusammenhält, und das besonders gut zu sehen ist.

Auf diese Weise erfahren die Schüler, daß Pilze uns nicht nur als Nahrung dienen können, sondern daß sie ein unersetzlicher Abfallbeseitiger im Lebensraum Wald sind.

Pilzmaden beobachten

Pilzmaden fressen sich meist gegen die Schwerkraft nach oben. Wenn man zwei Pilzhüte verschieden hinlegt, ist die unterschiedliche Freßweise zu beobachten. Ein alter Pilzhut in einem großen Glas, mit Stoff verschlossen, beantwortet schließlich die Frage, was aus den Pilzmaden wird.
Pilzsporen sind so klein, daß man sie mit bloßem Auge kaum sehen kann. Sichtbar machen kann man sie durch einen *Sporenabdruck*. Man legt dazu einen offenen Pilzhut mittleren Alters, am besten von einem Blätterpilz, auf ein weißes Stück Papier. Nach einigen Tagen sind

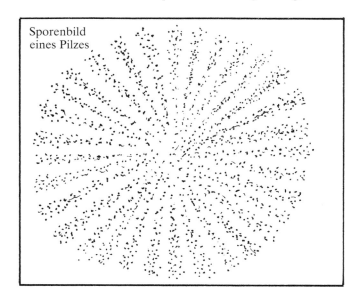

Sporenbild eines Pilzes

die Sporen auf das Papier gefallen und hinterlassen dort einen Abdruck. Wenn man diesen Abdruck dauerhaft machen will, legt man den Pilzhut vorsichtig auf klare Klebefolie und bringt, wenn die Sporen ausgefallen sind, ein weißes Stück Papier oder Pappe auf die Folie mit dem Abdruck.

Basteln

Rinde

Kiefernrinde ist ein Naturmaterial, das sich hervorragend zum Schnitzen eignet. Weil es *weicher als Holz* ist, kann es von den Schülern leicht mit einem Taschenmesser bearbeitet werden (Vorsicht! Belehrung). Ganz nebenbei prägen sie sich dabei auch ein, wie die Rinde von Kiefern aussieht, und erkennen dann auch den Baum draußen im Wald.

Kiefernrindenschiffchen

Bei einem Unterrichtsgang oder von einem Holzlagerplatz nehmen wir möglichst große und dicke Kiefernrindenstücke mit. Schnell ist daraus die Bootsform geschnitzt. In die Mitte bohren wir ein Loch, in das der Mast (Hartriegel- oder Haselnußzweig) gesteckt wird.

Noch ein bunt bemaltes Stück Papier als Segel daran, fertig ist das Schiff! Wir lassen es dann auf einem Bach oder Fluß segeln und überlegen, wie weit es wohl kommen wird. Oder wir bauen aus einem großen Karton, dessen Ober- und Vorderseite wir abschneiden und innen blau anstreichen, ein „Kunstmeer", auf dem wir die Schiffchen schwimmen lassen.

Tiere aus Kiefernrinde

Weil sich die Rinde so gut bearbeiten läßt, können die Kinder in kurzer Zeit ein Tier schnitzen. Sie brauchen nur ein Taschenmesser dazu. In einer Ecke des Klassenzimmers kann man einen „Kiefernrindenzoo" aufbauen, in dem die geschnitzten Tiere zwischen Moos, Blättern und Aststücken ausgestellt werden.

Lösung zu KV 13

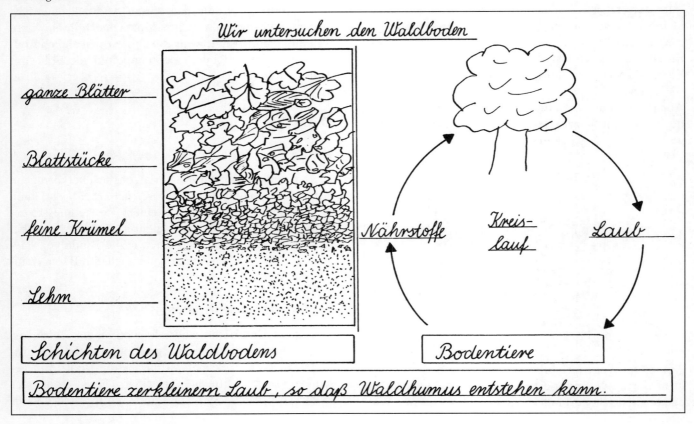

Lösung zu KV 14

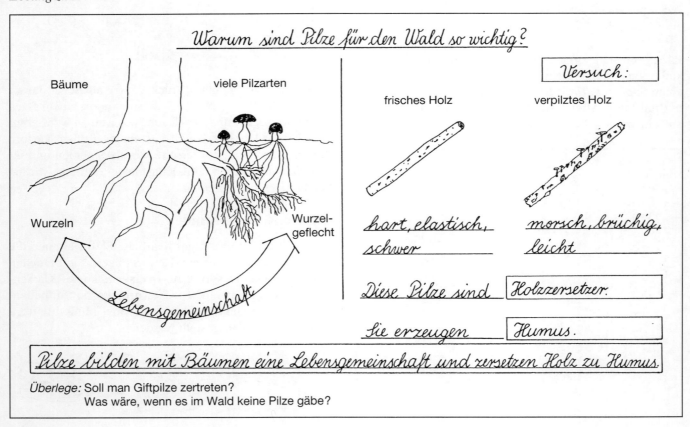

Überlege: Soll man Giftpilze zertreten?
Was wäre, wenn es im Wald keine Pilze gäbe?

„Weidenpfeifchen"

Sich ein Weidenpfeifchen zu schnitzen, wie es in dem bekannten Lied heißt, ist nicht einfach. Weniger kompliziert und auch schon von Grundschülern herzustellen, ist die *„Ebereschentröte"*.

Hierzu suchen wir im Frühjahr, wenn der Strauch *in vollem Saft* steht – denn nur dann läßt sich die Rinde gut lösen –, ein Zweigstück von einer Eberesche, das etwa 0,5 cm dick und 5 cm lang, auf diesem Abschnitt ganz gerade und ohne Blattansatz ist. Nun lösen wir die Rinde von dem Holz, indem wir sie zuerst hinten mit dem Taschenmesser ringeln, sie dann befeuchten (Speichel!) und mit der Breitseite des zugeklappten Taschenmessers auf dem Oberschenkel ringsum klopfen. Wenn wir nun ziehen und drehen, läßt sich die Rinde abziehen.

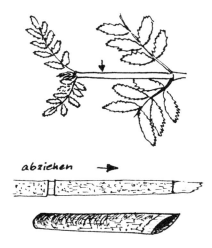

Wir halten jetzt die kleine Röhre in der Hand, kneifen sie an einem Ende zusammen und schaben an diesem Ende die alleräußerste, braune Rindenschicht etwa 0,5 cm weit ab. Nun stecken wir die fertige Tröte zwischen die Lippen und versuchen, ihr durch mehr oder weniger kräftiges Anblasen einen Ton zu entlocken.

Samenflug

Im Laufe eines Jahres oder auch während eines Unterrichtsganges im Herbst sammeln die Schüler verschiedene Samen, z.B. „Weidenwolle", Flügelsamen von Koniferen (fallen beim Trocknen im Klassenzimmer heraus), Ahornsamen, Holunderbeeren, Kastanien, Springkrautsamenkapseln, Kletten...

Wir überlegen uns, warum Samen nicht an Ort und Stelle liegenbleiben, sondern in der Umgebung verbreitet werden. Durch Ausprobieren (fliegen lassen, festhängen lassen, schmecken, berühren) stellen wir fest, daß es verschiedene Möglichkeiten gibt, wie sich Samen verbreiten. Wir ordnen diese Möglichkeiten (s. Abb. unten):

Im nächsten Schritt untersuchen wir, auf welchem Weg sich die häufigsten Baumsamen verbreiten: Eiche, Buche, Birke, Pappel, Esche, Wildapfel... und ordnen sie den oben gefundenen Gruppen zu. Im Rollenspiel stellen die Schüler dar, welche Vor- und Nachteile die Verbreitung durch Gefressenwerden und durch Windtransport hat: „Ich bin die Eiche...", „Ich bin die Birke..."

Nun versuchen die Schüler selbst, Samen mit Verbreitungseinrichtungen zu basteln. Sie erhalten dazu Bohnen (oder Erbsen, Sonnenblumenkerne) und eine Fülle von Materialien zum Basteln: Seidenpapier, Abzugspapier, Pappe, Watte, Knet, Styropor, Zahnstocher, Bindfaden, Wollfaden, Blumendraht, Gummiringe, Federn, Plakafarben, Pfeifenreiniger...

Wenn alle Schüler fertig sind, werden die verschiedenen Konstruktionen vorgeführt und begutachtet. Um die Flugeinrichtungen zu testen, kann man einen kleinen Wettbewerb im Treppenhaus der Schule veranstalten: Welcher Samen bleibt am längsten in der Luft? Man sollte es nicht versäumen, die Flugzeit des Gewinners mit der eines Ahornsamens zu vergleichen.

Nachbau eines Flugsamens

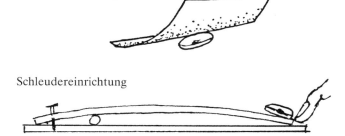

Schleudereinrichtung

Birkenrinde

Wenn eine Birke gefällt wird – sie wird meist als Brennholz verwendet –, kann man sehr leicht einige Stücke von der Rinde bekommen. Diese kann man in Postkartengröße zurechtschneiden und wie Papier beschreiben. Wenn die Post diese Rindenstücke nicht als Karten versenden will, so kann man sie in ein Kuvert stecken und als Brief verschicken.

Birkenrinde brennt wie Zunder. Man kann sie gut als Mittel verwenden, um während des Schullandheimaufenthaltes ein Lagerfeuer anzufachen.

Verbreitung durch Wind	Verbreitung durch Festhängen	Verbreitung durch Gefressenwerden	Verbreitung durch Schleudern

Ideenkiste

Höhenmessung

Wenn wir wissen wollen, wie hoch ein Baum ist, halten wir einen Bleistift zum Visieren in der Weise senkrecht, daß er in der Perspektive vom Boden bis zur Baumspitze reicht. Dann kippen wir den Bleistift in die Waagrechte.

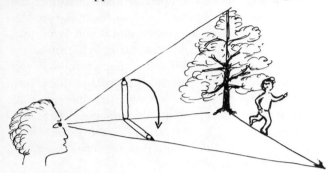

Ein Partner geht nun vom Baum aus (im rechten Winkel zum visierenden Kind) so weit, bis er in der Perspektive genau die Bleistiftspitze erreicht hat. Wenn wir dann die Entfernung von diesem Punkt bis zum Baumfuß messen, erhalten wir die Höhe des Baumes.

Vögel

Wie wichtig die Vögel im Lebensraum Wald sind, lassen folgende kleine Spiele erkennen. Eine *Aufgabe:* Wer schafft es, bis zehn zu zählen, ohne daß er einen Vogel hört? Oder: Es wird eine Strichliste mit folgenden Spalten angelegt: Vogelstimme, Ästeknacken, von Menschen verursachtes Geräusch (Auto, Flugzeug...). Die Schüler setzen sich gruppenweise in den Wald und schreiben auf, wie oft sie in einer bestimmten Zeitspanne (1–5 Minuten) einen jeweils neu angefangenen Laut hören. Für diese Spiele sind das Frühjahr und der Frühsommer die beste Zeit.

Pflanzengallen

Gallen sind fast jedem schon einmal aufgefallen, wenig bekannt ist aber, wodurch sie verursacht werden (Gallwespen, -mücken, -läuse, -milben, etwa 2000 Arten). Bei einem Unterrichtsgang sehen wir die unterschiedlichen Gallentypen und sammeln jeweils einige Exemplare. Eines wird mit einem Taschenmesser vorsichtig, um den Inwohner nicht zu töten, geöffnet. Meist finden wir kleine, weiße Maden (Insektenlarven). Nach dem Ansehen klappen wir die Galle wieder zu und legen sie im Laub ab.

Wenn wir *Rosen- und Eichengallen* mit ins Klassenzimmer nehmen, können wir sie bei einigem Glück nach ein paar Wochen oder Monaten schlüpfen sehen. In der freien Natur schlüpfen die meisten im Spätwinter oder im Frühjahr. Wir sollten nicht vergessen, die geschlüpften Tiere bald freizulassen. Übrigens: Legt man Eichengallen auf blankes Eisen, verfärbt sich dieses schwarz. Galläpfel von Eichen wurden früher zur Tintenherstellung verwendet (Eichengallustinte).

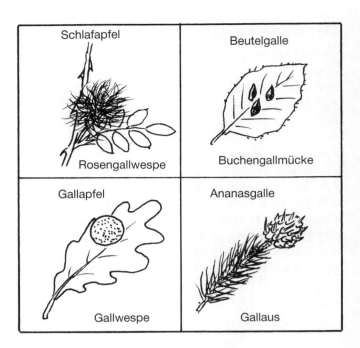

Weinbergschnecken

Wenn wir im zeitigen Frühjahr (Ende März, Anfang April – Frühblüherzeit) in den Laubwald gehen, finden wir Weinbergschnecken, die noch verdeckt sind. Wir nehmen zwei oder drei mit ins Klassenzimmer. In weni-

Kalkdeckel

gen Stunden bis Tagen sprengen sie den Überwinterungsdeckel ab und kriechen mit ihrem Haus los. Wir geben ihnen gleich Frischfutter zu fressen, halten sie feucht und bringen sie bald wieder zurück. Den Kalkdeckel können wir als Souvenir behalten und beschriften.

Jahresringe zählen

Bäume können uralt werden. Bei uns wachsen Linden, die schon zur Zeit der Bauernkriege Bäume waren. An gefällten Bäumen können wir das Alter anhand der Jahresringe feststellen. Wenn diese nicht gut zu erkennen sind, reiben wir etwas Erde leicht darüber oder glätten die Oberfläche mit einem Stück Sandpapier. Vielleicht ist auch der Waldbesitzer oder der Förster bereit, von verschiedenen Bäumen jeweils eine dünne Scheibe abzuschneiden, die wir dann ins Klassenzimmer mitnehmen können.

Beim Zählen der Ringe markieren wir am besten jedes zehnte Jahr mit einer Stecknadel. Es bieten sich zwei Möglichkeiten der Auswertung an:

a) *Baumschicksal:* Der Baum hat in guten Jahren ein stärkeres Dickenwachstum als in schlechten, wo er vielleicht im Schatten steht oder unter Sommertrockenheit leidet. Entsprechend breiter oder schmaler sind die Jahresringe, wobei der helle Streifen durch das Wachstum im Frühjahr und Sommer, der schmale, dunkle im Herbst und im Winter gebildet wird. Aus den Jahresringen versuchen wir möglichst viel herauszulesen und über die Geschichte des Baumes zu mutmaßen: Schwaches Jugendwachstum durch den Schatten anderer Bäume, ein besonders gutes Jahr mit viel Regen und Sonne, Trockenheit, eine Verletzung durch Verbiß. Ist vielleicht auch schon eine Auswirkung des sauren Regens erkennbar? Die Schüler können das Baumschicksal in der Ich-Form erzählen: „Als ich das Licht der Welt erblickte und meine ersten Wurzeln in die Erde streckte, ..."

b) *Baum und Geschichte:* Den Jahresringen lassen sich Daten der Stadt- oder Dorfgeschichte zuordnen: Schulhausneubau, Zuschütten des Dorfweihers, Weltkriegsbeginn, Großbrand, Jahrhunderthochwasser, Gründung der Pfarrei... Bei jüngeren Schülern empfiehlt es sich, das Baumalter mit der eigenen Vergangenheit zu verknüpfen: Mein Geburtstag, Eheschließung der Eltern, Geburtstage von Oma und Opa...
Beide Verfahren lassen die Schüler und uns einen neuen Blickpunkt für Zeit und Vergänglichkeit gewinnen und erkennen, daß wir in der Lage sind, in Minutenschnelle zu fällen, was Jahrhunderte lang gewachsen ist.

Scherzfrage: Wenn du jetzt in ein Meter Höhe ein Herz in den Baum schnitzt und als Oma oder Opa wieder herkommst, in welcher Höhe befindet sich dann das Herz? Antwort: Immer noch in ein Meter Höhe, weil Bäume nur an der Triebspitze nach oben wachsen. Der Stamm gewinnt nur an Umfang.

Baumheft
Eine hervorragende Möglichkeit, Bäume kennenzulernen und das genaue Hinsehen zu üben, ist das Gestalten eines Baumheftes.
Hierzu sammelt jeder Schüler bei einem Unterrichtsgang ein Blatt oder ein Zweiglein (Nadelbäume) von jeder anzutreffenden Baumart. (Um größere Schäden zu vermeiden, schneidet am besten die Lehrkraft jeweils einen Zweig ab.) Zurück im Klassenzimmer werden die Blätter nun mit Hilfe von Bestimmungsbüchern bestimmt. Mindestens für jede Gruppe sollte ein Buch vorhanden sein. (Man kann sie in der Stadtbücherei ausleihen, wenn sie in der Schule nicht ausreichend vorhanden sind.)
Jeder Schüler legt seine Blätter und Zweigstücke einzeln zwischen Lagen von Zeitungspapier, die mit alten Katalogen und Büchern beschwert werden, fügt einen Zettel mit dem Namen des Baumes bei und preßt sie einige Tage. Man darf sie nicht zu früh herausnehmen, da sich die Blätter beim Aufkleben verziehen können, wenn sie noch nicht ganz trocken sind.

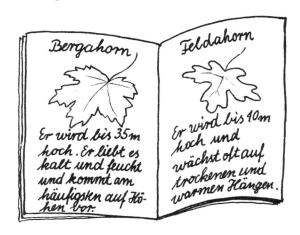

Inzwischen reservieren die Schüler jeweils eine Seite eines Heftes (Umweltschutzpapier, DIN A 5, ohne Linierung) für ein Blatt und schreiben die Pflanzennamen in schöner Schrift darauf. Auf der ersten Seite stimmt ein Waldgedicht ein, einzelne Seiten bleiben für Besonderes frei. Das Einkleben der Blätter erfolgt erst, wenn alles im Heft geschrieben ist, weil die Schrift sonst wegen der darunter liegenden Blätter unsauber wird.
Mit Hilfe der Bestimmungsbücher finden die Schüler das Wichtigste über Bäume heraus und schreiben es in das Heft, wobei sie den Platz für die Blätter freilassen. Das kann bei einem Kind nur ein Stichpunkt sein, bei einem anderen eine kurze Beschreibung. Diese Arbeit sollten die Schüler selbst erledigen, ohne daß ihnen ein Text vorgegeben wird. Hilfe bei der Rechtschreibung ist allerdings nötig.
Jetzt werden die Blätter eingeklebt, wobei es günstig ist, sie nicht ganz mit Klebstoff einzustreichen, sondern nur an 2–3 Punkten zu fixieren. Nadelbaumzweige müssen besonders sorgfältig geklebt werden, da sonst alle Nadeln verlorengehen. Das Heft darf nicht geschlossen werden, bevor der Kleber ganz trocken ist, weil sonst die Seiten zusammenkleben.
Zum Schluß kann man das Heft noch mit einem schönen Umschlag versehen, vielleicht mit selbst eingefärbtem Papier.
Die Gestaltung des Heftes ist zwar sehr zeitaufwendig, sie ist aber ein guter Weg, Artenkenntnisse zu erlangen.

Ein Hümpel Moos

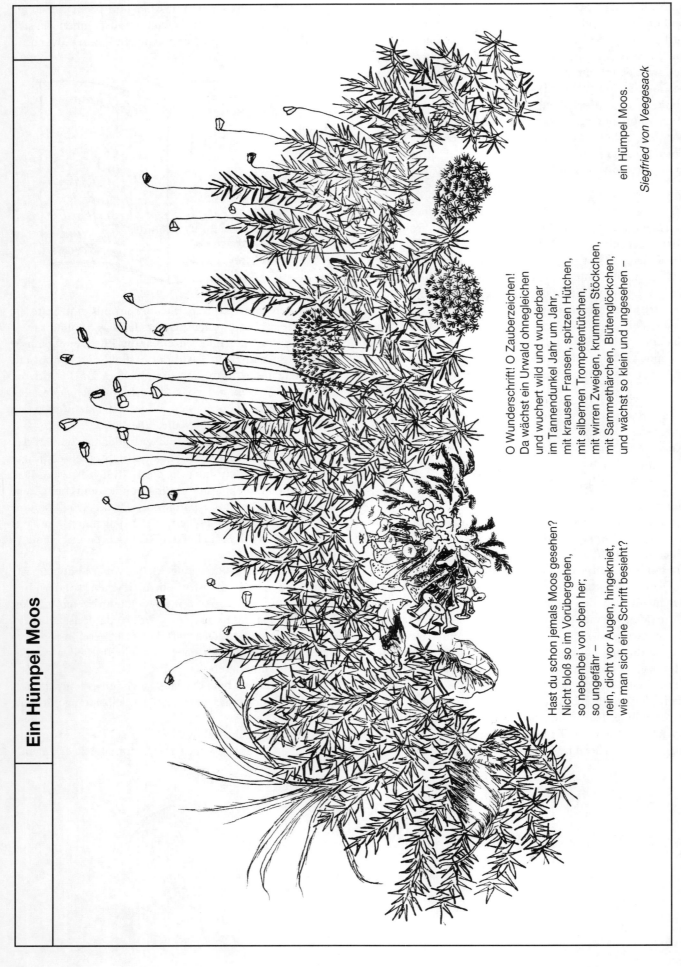

Hast du schon jemals Moos gesehen?
Nicht bloß so im Vorübergehen,
so nebenbei von oben her;
so ungefähr –
nein, dicht vor Augen, hingekniet,
wie man sich eine Schrift besieht?

O Wunderschrift! O Zauberzeichen!
Da wächst ein Urwald ohnegleichen
und wuchert wild und wunderbar
im Tannendunkel Jahr um Jahr,
mit krausen Fransen, spitzen Hütchen,
mit silbernen Trompetentütchen,
mit wirren Zweigen, krummen Stöckchen,
mit Sammethärchen, Blütenglöckchen,
und wächst so klein und ungesehen –

ein Hümpel Moos.

Siegfried von Veegesack

42

Wiese

Zielgruppe

- Grundschüler ab der 1. Klasse
- Teilnehmer an Schulgartenarbeitsgruppen

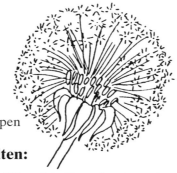

Was Sie beachten sollten:

„Wir gehen auf die bunte Wiese" heißt es in einem bekannten Kindergedicht. Einige Schulen tun sich damit allerdings ziemlich schwer. Nur noch in wenigen Gegenden gibt es die artenreichen Blumenwiesen, die viele Bildpostkarten zieren und als „die Wiese" schlechthin gelten. In ganzen Landstrichen gibt es keine Viehhaltung und demzufolge keine Wiesen mehr. In den Dörfern und Städten, auf öffentlichem und privatem Boden findet man viel Rasengrün, aber kaum Wiesen. Sie sehen halt nicht so ordentlich aus wie ein gemähter Rasen. Dabei sind sie viel pflegeleichter und benötigen keine Düngung.

Natürliche Wiesen gibt und gab es bei uns nur selten. In Sumpf- und Überschwemmungsgebieten, an Seen und Flüssen, wo der Boden für Waldbäume zu sumpfig ist, auf Bergen, wo das Klima zu rauh ist, und auf Blößen, die durch Bibertätigkeit entstanden sind, können sie vorkommen. Die allermeisten Wiesen sind *vom Menschen geschaffene Lebensräume*, die durch eine bestimmte Art der Nutzung und Pflege entstanden sind. Sie müssen mindestens einmal im Jahr gemäht werden, da sich sonst wieder Sträucher und Bäume ansiedeln und allmählich unter unseren Klimaverhältnissen ein Wald entsteht. Auch gibt es nicht die Wiese; vielmehr unterscheiden sich die verschiedenen Typen nach Wasserführung, Nutzung und Bodenart. Die Landwirtschaft hat in der Vergangenheit eine Vielfalt von Strukturen geschaffen, die den Reichtum an Tier- und Pflanzenleben ermöglicht hat. Die Landwirtschaft heute vernichtet diese Strukturen und trägt durch Intensivierung, Spezialisierung und Gifteinsatz dazu bei, daß sich die Roten Listen füllen, und unsere Umwelt und die unserer Kinder ärmer und ärmer wird.

Eine Schulwiese für jede Schule!

Beinahe jede Schule hat ein Rasenstück, das, weil es ja „schön" bleiben muß, nicht betreten werden soll. Warum dieses nicht in eine Wiese umwandeln? Fast jede Schule hat einen Physiksaal, ist es nicht mindestens ebenso wichtig, eine *Schulwiese* zu haben? Noch dazu ist sie mit einem Bruchteil der Kosten, die z.B. ein komplett eingerichteter Physiksaal kostet, anzulegen. Müßte nicht in den Richtlinien für Schulneubauten, die alles bis ins Detail regeln, auch aufgeführt sein, daß eine Wiese als *„grünes Klassenzimmer"* vorgesehen wird? Das erscheint mir eine viel größere Notwendigkeit als manches Raumangebot in Schulhäusern.

Die Umwandlung von Rasen in Wiese ist kinderleicht: Nicht düngen, selten (ein- bis dreimal jährlich) mähen! Dann braucht man nur noch etwas Geduld und guten Willen.

Wiese erleben

Eine Wiese muß man mit allen Sinnen erleben! Sie erfreut nicht nur das Auge. Ihre Pflanzen duften auch, Grillen und Heuschrecken zirpen, und Hummeln ziehen brummend von Blüte zu Blüte; der Wind bewegt die Grashalme. Das zu erfahren, gehört auch zum Thema Wiese im Unterricht. Es sollte uns gelingen, daß die Kinder *alle ihre Sinne gebrauchen* und viele Eindrücke in sich aufnehmen.

Gehen Sie an einem warmen, trockenen Tag zu einer Wiese, die natürlich eine gewisse Mindestgröße für eine ganze Klasse haben muß. Sie bitten jedes Kind, sich eine Stelle zu suchen, die ihm besonders gefällt, und sich in die Wiese zu legen. Die Kinder sollen einige Minuten *schweigend im Gras liegen*, in den Himmel schauen und dann auch die Augen schließen und schnuppern, hören und fühlen. Zur „Auswertung" kann ein Gespräch mit den Kindern über ihre Eindrücke und Empfindungen genügen. Sie können aber auch einen Eintrag gestalten, wie er auf Seite 46 abgebildet ist.

Günstig ist es, wenn Sie vor dem Gang zur Wiese für eine ruhige, entspannte und heitere Atmosphäre sorgen. Musik ist hierfür besonders geeignet. Außerdem sollten Sie die Kinder darauf hinweisen, daß sie nicht gleich aufspringen und schreien sollen, wenn einmal ein Insekt über sie hinwegkrabbelt.

Entdeckungsreise auf der Wiese

In jedem Meter Wiese befindet sich ein ganzer Kosmos von Leben, den es zu entdecken gilt. Lassen Sie die Kinder, am besten in Gruppen, wieder ein kleines Stück Wiese aussuchen, das ihnen besonders interessant erscheint. Dort spannen Sie ein Stück Schnur, das nur 1 bis 3 m lang sein muß. Nun kriechen die Kinder auf den Knien langsam an der Schnur entlang und entdecken mit ihren Lupen kleine Käfer, die sich in Sicherheit bringen,

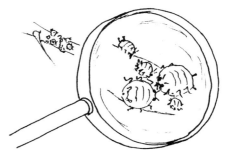

krabbelnde Ameisen und funkelnde Tautropfen am Gras. Die Kinder brauchen viel Zeit dazu. Mit dem Kopf immer dicht über dem Boden – so bekommen sie ein Gespür dafür, daß jeder Fleck auf der Wiese voller Leben steckt.

Aus Schweiz. Zentrum für Umwelterziehung: Artenvielfalt der Naturwiese.

Statt der Schnur können Sie auch einen Hula-hoop-Reifen nehmen, um den sich eine Gruppe von 4–6 Kindern sammelt und sich gegenseitig die Beobachtungen mitteilen kann.

Ih! – und Oh! – Tiere

Die meisten Menschen und auch die Kinder teilen die Tierwelt in Ih!- und Oh!-Tiere ein. *Ih!-Tiere* sind „eklig", „häßlich", krabbelnd, haarig oder schleimig, wie zum Beispiel Spinnen, Mäuse, Schnecken, Blattläuse, Regenwürmer, Frösche... *Oh!-Tiere* sind „süß" und „lieb"; es sind Marienkäfer, Schmetterlinge, Vögel. Demzufolge werden die einen Tiere erschlagen, vergiftet und zerdrückt oder wenigstens mit allen Anzeichen des Entsetzens verjagt. Die anderen läßt man auf dem Finger krabbeln, bewundert ihre Schönheit und schützt sie. Auch wenn das etwas überzeichnet erscheinen mag, so ist doch erschütternd, welches Maß an Unwissen sich hier paart mit ungehemmtem Herrschaftsanspruch gegenüber der Natur.

Auf keinen Fall sollen unseren Schulkindern solche Vorurteile anerzogen werden. Oberstes Gebot muß sein: *Alles,* was lebt, ist für uns interessant, hat eine Daseinsberechtigung und hängt mit anderen Lebewesen und mit uns zusammen. Wir betrachten nicht nur das besonders „Schöne", sondern gerade auch die „Allerweltstiere" und deren Lebensumwelt, in der sich nicht alles nur in Harmonie befindet, sondern zu der auch „Fressen und Gefressenwerden" gehört.

Ein wichtiges Lernziel in Ihrem Lehrplan ist es also, den Kindern Abscheu vor Tieren abzugewöhnen. Das können nicht alle gleich, und, seien wir ehrlich, wir Erwachsene tun uns noch viel schwerer damit. Der Prozeß sollte behutsam und schrittweise angeleitet werden.

1. Entscheidend ist das *Lehrervorbild!* Wenn Sie keinen Abscheu vor schleimigen Schnecken zeigen, werden Sie auch unter den Kindern rasch Nachahmer finden.
2. Tiere, die vorübergehend *in einem Glas gefangen* sind, können aus der Nähe betrachtet werden, ohne daß man sie gleich berühren muß.
3. *Wissen schafft Vertrauen.* Wenn die Kinder wissen, daß Libellen nicht stechen können, zeigen sie auch keine Angst mehr davor.
4. *Hilfsmittel einsetzen!* Zeigen Sie Bilder, lassen Sie eine Blattlauskolonie mit der Lupe betrachten!

Haben sich erst einige Mutige gefunden, die Schnecken oder Regenwürmer anfassen und Spinnen auf der Hand krabbeln lassen, werden nach und nach auch die anderen ihre Scheu ablegen. Akzeptieren Sie es aber auch, daß es Kinder gibt, die ihre Abneigung – noch – nicht überwinden können!

> „Jeder dumme Junge kann einen Käfer zertreten. Aber alle Professoren der Welt können keinen herstellen."
>
> *A. Schopenhauer*

Lösung zu KV 15

Ein Stück Wiese

Diese Tiere sehen wir:

Manche Tiere können wir hören:

Wir gehen auf die bunte Wiese

Tausend Blumen, Gräser, Pflanzen,
Mücken, die darüber tanzen,
Käfer, Bienen, Fliegen, Hummeln,
summen, zirpen, surren, brummeln.

Raupen, Grillen und Heuschrecken,
Mäuse, Vögel, Würmer, Schnecken,
Eidechse, Maulwurf, Schmetterlinge
und noch viele andre Dinge

könnt ihr auf der Wiese sehen.
Kommt! Zur Wiese wollen wir gehen!

© R. Oldenbourg Verlag GmbH, München / Miethaner, Umwelterziehung in der Grundschule

Spielen

Schmetterlingsspiel

Wenn Sie Sportunterricht erteilen, ist Ihnen vielleicht das Spiel „Feuer, Wasser, Blitz" bekannt. Ganz ähnlich ist das *Schmetterlingsspiel*. Es kann im Pausenhof, auf dem Spielplatz oder auf der Wiese gespielt werden. Ein Spielleiter ruft die Kommandos „Frühling", „Vogel", „Regen" oder „Hochzeit". Die Kinder sind die Schmetterlinge, die sich entsprechend verhalten sollen. Bei „Frühling" sausen alle mit den Armen flatternd durcheinander, bei „Vogel" ducken sie sich blitzschnell und stellen sich tot, bei „Regen" verkriechen sich die Schmetterlinge möglichst schnell in einer Ecke und bei „Hochzeit" suchen sie sich sofort einen Partner.

Das Spiel bekommt mehr Wettbewerbscharakter, wenn der Schmetterling, der das jeweilige Kommando als letzter befolgt hat, ausscheiden muß.

Tiere erraten

Dieses Spiel wurde bereits im Kapitel 1 vorgestellt (S. 20). Je nach Alter der Kinder können Sie es unterschiedlich gestalten, größere Kinder Wiesentiere wie Weinbergschnecke, Kleiner Fuchs, Wiesenameise, Honigbiene, Maulwurf...erraten lassen, für kleinere Kinder einfachere Begriffe wie Schnecke, Schmetterling, Ameise... verwenden.

Das Spiel ist sehr variabel. Statt Namen aufzuschreiben, können Sie auch Bilder verwenden, die dem Antwortenden schon Hinweise geben. Sie können auch ausmachen, daß die Kärtchen nicht gleich abgenommen werden dürfen. Sobald alle Kinder zu wissen glauben, welches Tier sie darstellen, stellt sich jedes mit dem Rücken zur Klasse vor: „Ich bin eine Biene". Am Beifallklatschen wird es gleich erkennen, ob es die richtige Lösung gefunden hat.

Das Spiel mobilisiert Wissen über Tiere auf der Wiese und macht den Kindern obendrein Mut, sich auf andere Menschen einzulassen.

„Photographieren"

Durch dieses Spiel soll der Blick für das Schöne in der Natur geschärft werden. Es wird zu zweit gespielt. Ein Kind führt seinen Partner, der die Augen ganz dicht geschlossen hält (man kann auch eine Binde nehmen), ganz vorsichtig zu einer Stelle, einem Wiesenstück oder auch einer einzelnen Blüte, die es „photogen" findet. Vielleicht muß sich der Partner auch hinknien, um mit dem Kopf nah genug an die ausgesuchte Stelle zu kommen. Das Kind stellt sich nun hinter seinen Partner mit den geschlossenen Augen und „drückt auf den Auslöser", indem es leicht am Ohrläppchen zieht. Nach wenigen Sekunden schließt der Partner auf Zug wieder die Augen, nachdem er Zeit hatte, das Bild in sich aufzunehmen. Die Kinder können noch ein zweites Photo schießen, bevor sie wieder an den Ausgangspunkt zurückkehren. Jetzt öffnet das eine wieder seine Augen und teilt mit, was es „photographiert" hat. Nun können sich beide erzählen, was ihnen als besonders betrachtenswert erschienen ist und ob die „Kamera" richtig eingestellt war. Danach tauschen sie die Rollen.

Pflanzennamen

Wie kann man sich Pflanzennamen merken?

Es ist schwierig, sich Pflanzennamen einzuprägen, und ganz besonders für Kinder, weil sie aufgrund ihrer geringeren Erfahrungen weniger Assoziationsketten bilden, die uns Erwachsenen das Merken erleichtern. Um zu erfahren, was wir von den Kindern verlangen, unternehmen Sie doch einmal den Versuch, Pflanzen mit selbst erfundenen Namen zu belegen und sich diese zu merken, z. B. Regenwurz, Düsterkraut, Mehlhalm, Reisling, oder gar mit sinnlosen Silben, z. B. Ulmei, Färsel, Setola... Für Kinder erscheinen nämlich Pflanzennamen wie Akelei, Salbei, Günsel, Aurikel, Skabiose ebenso sinnlos.

Andererseits ist durch Befragungen von Kindern und Erwachsenen festgestellt worden, daß ein geradezu erschreckender Mangel an Kenntnissen über einheimische Pflanzen besteht. Es erscheint mir als eine ganz wichtige Aufgabe der Schule, *Artenkenntnisse zu vermitteln*.

Die folgenden Vorschläge resultieren aus vielen Erfahrungen und Versuchen, mit Kindern Pflanzen kennenzulernen.

1. Zu Beginn steht die radikale *Beschränkung auf wenige Arten*. In der ersten Klasse reicht es völlig aus, neben den schon bekannten Arten Löwenzahn und Gänseblümchen drei bis fünf Wiesenblumen und vielleicht noch eine Grasart kennenzulernen. Erst auf diesem Fundament von Wissen aufbauend können nach und nach andere Arten gelernt werden.

2. Beschränken Sie sich auf das, was *am Ort,* vor der Schultüre wächst, was die Kinder als lebende Pflanze sehen und in die Hand nehmen können. Es ist vertane Zeit, Arten nur über Bilder und Dias einführen zu wollen.

3. Wählen Sie viele Wege des Einprägens, nicht nur den kognitiven! Viele Pflanzen kann man erschmecken, vorausgesetzt, Sie kennen sie wirklich hundertprozentig, manche prägen sich besonders gut durch Anfassen oder Beschnuppern ein.

Beispiele für Merkhilfen

Frauenmantel: Lassen Sie die Perlen (= Tautropfen), die sich am Mantelsaum (= Blattrand) sammeln, zählen.

Glockenblume: Nehmen Sie einen Blütenstiel in die Hand, „bimmeln" Sie, und machen Sie auf die Glockenform aufmerksam.

Hahnenfuß: Den Namen können Sie erklären, indem Sie die Kinder auf die vogelfußartig geteilten Blätter aufmerksam machen.

Johanniskraut: Beim Zerdrücken der Blüte zeigt sich ein „Blutstropfen".

Margerite: Die Kinder zupfen die Blütenblätter einzeln ab und sprechen: „Sie liebt mich..."

Salbei: Er gehört zu den Lippenblütlern. Beim Besuch der Blüte durch eine Hummel krümmen sich Staubblätter und Stempel so herab, daß sie den Hinterleib des Insektes berühren. Diesen Klappmechanismus kann man auch mit einem Bleistift betätigen.

Sauerampfer: Die Kinder probieren die Blätter, deren saurer Geschmack der Pflanze den Namen gegeben hat.

Schafgarbe: Sie hat einen ganz typischen Geruch, der beim Reiben der Blätter zwischen den Händen gut zu riechen ist.

Taubnessel: Lassen Sie an einer Einzelblüte saugen. Man schmeckt den süßen Nektar.

Wegerich: Er verträgt im Gegensatz zu den meisten Pflanzen die Trittbelastung auf Wegen. Erklären Sie dies und lassen Sie die Kinder einmal darauftreten.

Wegwarte: Sie können die Kinder auf den Standort (Wegesrand) und die herrliche blaue Blütenfarbe hinweisen und das Märchen von dem verzauberten Mädchen erzählen, das auf seinen Verlobten wartet. Die Blüten öffnen sich morgens sehr früh und schließen sich schon am späten Vormittag. Lassen Sie beobachten, wann sich die Blüte schließt.

Zittergras: Der Name kommt vom Zittern der Blütenköpfchen, die sich schon bei der geringsten Berührung bewegen.

4. Wiesenblumenfries im Klassenzimmer

Beobachten Sie mit Ihren Schülern, welche Blütenpflanzen im Laufe des Jahres auf einer Wiese erscheinen! Wenn Sie eine Blume bestimmt haben, heften Sie ein Bild davon mit dem Namen an die Klassenzimmerwand. So erhalten Sie im Laufe der Wochen und Monate ein Wiesenblumenfries, das die Schüler auch ihren eigenen Lernzuwachs erleben läßt. Die auf Seite 50f. abgebildeten Pflanzen lassen sich vergrößert für solch ein Fries verwenden.

5. Pflanzensteckbriefe

Diese Arbeit läßt sich in Gruppen oder auch einzeln durchführen. Jede Gruppe beschreibt „ihre" Pflanze genau, liest in Bestimmungsbüchern nach, schreibt eigene Beobachtungen auf und zeichnet sie oder klebt ein Photo oder die gepreßte Pflanze auf.
Ziel bei Einzelarbeit könnte es sein, daß jedes Kind für sich ein Bestimmungsbüchlein herstellt, das in den folgenden Jahren weiter ergänzt werden kann. Dazu einigt sich das Kollegium darauf, daß in jedem Schuljahr ein Teil des Pflanzenhefts angelegt wird, so daß die Kinder am Ende der Grundschulzeit ein Heft mit allen Pflanzen besitzen, die sie in diesen vier Jahren kennengelernt haben.

Folgende Aufteilung wäre denkbar:
1. Schuljahr: Wiesenblumen, Laubbäume
2. Schuljahr: Heckensträucher mit Früchten
3. Schuljahr: Pflanzen am Wasser
4. Schuljahr: Waldbäume

6. Bestimmungsbücher benutzen!

Es gibt eine Reihe von kleinen Büchern, die in Pflanzenauswahl und Textumfang auch schon für Schüler im 1. Schuljahr geeignet sind. Es kostet sicher Zeit, mit solchen Büchern zu arbeiten, aber der Gewinn an Selbständigkeit und an Fähigkeit zu genauem Hinsehen wiegt dies wieder auf.

7. Spielerisch lernen!

Stellen Sie Memories, Blumenquartette, Legespiele mit den Kindern zusammen her. Wenn Sie solche Spiele in Freiarbeitsphasen, vor dem Unterricht oder für Schüler anbieten, die mit ihren schriftlichen Arbeiten eher als die anderen fertig sind, lernen die Kinder im Spiel, was Sie im „anderen" Unterricht vielleicht nur mit „motivatorischen Verrenkungen" erreichen könnten.

8. Frischen Sie die Kenntnisse immer wieder auf!

Besuchen Sie die Wiese mehrmals im Jahr, und betrachten Sie, wie sich die Blumen entwickeln. Die Kinder sollen z.B. eine Margerite nicht nur erkennen, wenn sie blüht, sondern auch, wenn sie Samen trägt, oder wenn nur ihre Blätter sichtbar sind.

Lösung zu KV 16

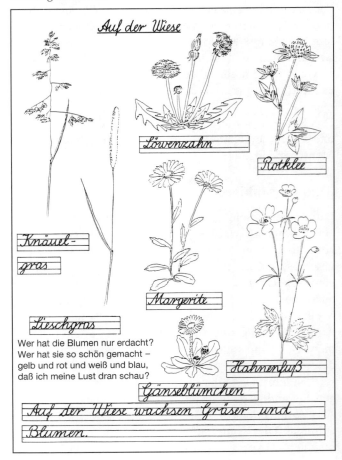

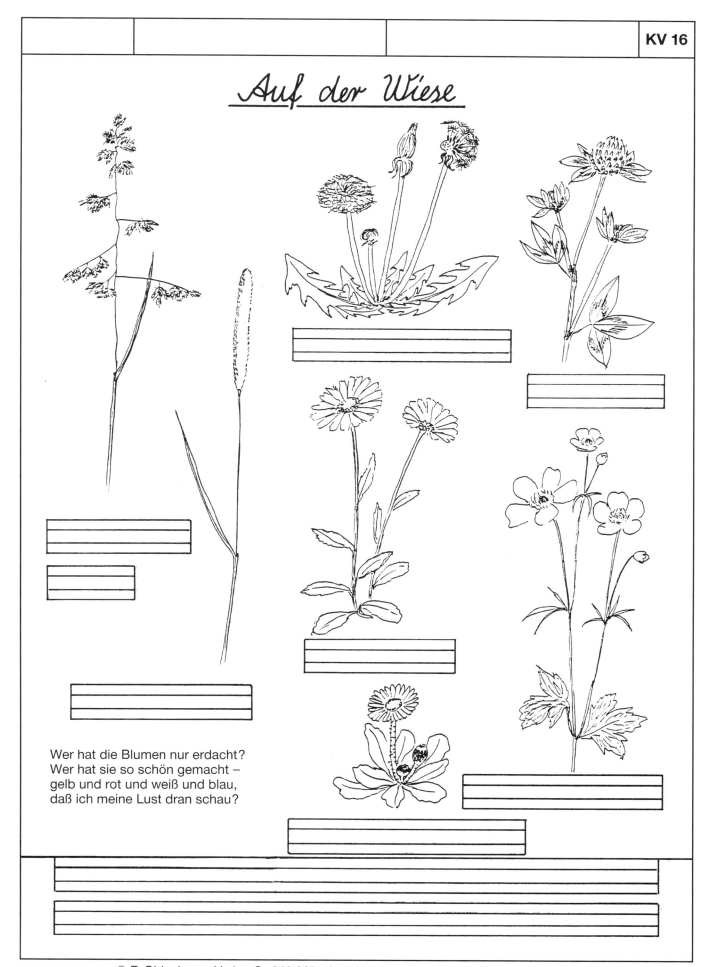

Auf der Wiese

Wer hat die Blumen nur erdacht?
Wer hat sie so schön gemacht –
gelb und rot und weiß und blau,
daß ich meine Lust dran schau?

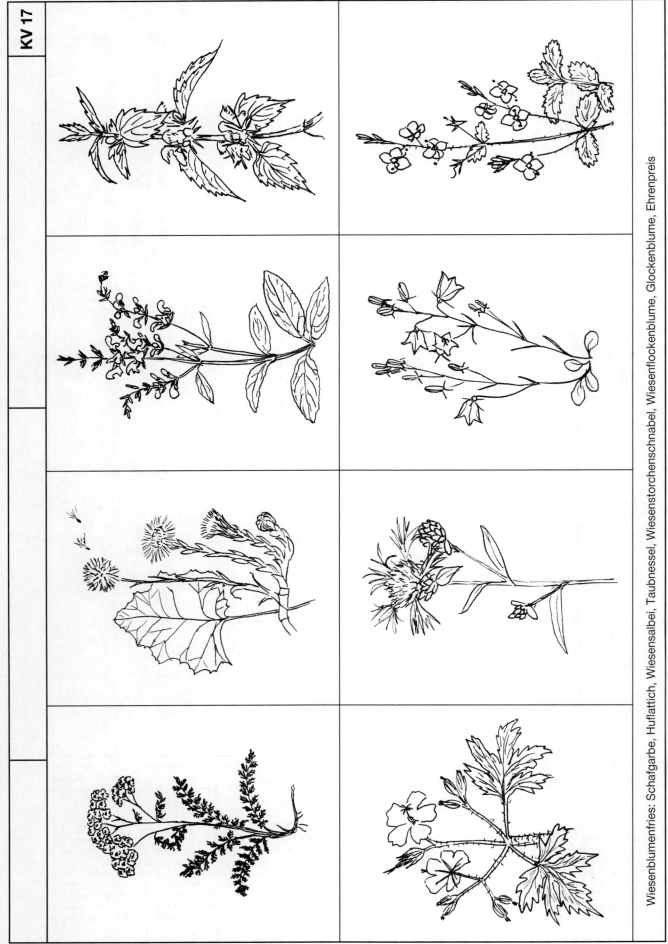

Wiesenblumenfries: Schafgarbe, Huflattich, Wiesensalbei, Taubnessel, Wiesenstorchenschnabel, Wiesenflockenblume, Glockenblume, Ehrenpreis

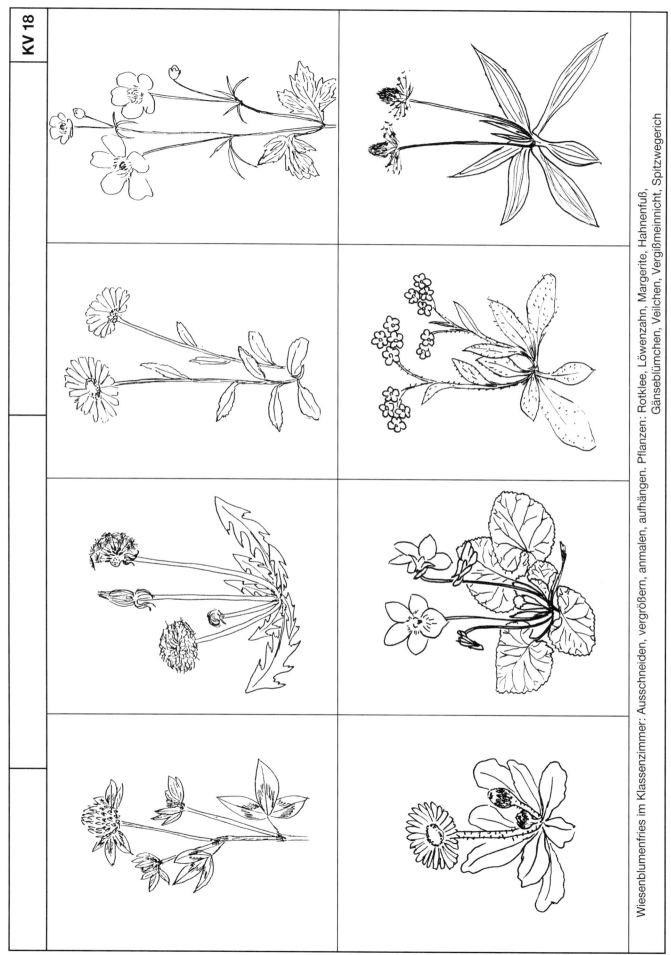

Forschen

Schnecken

Gehäuseschnecken sind in mehrfacher Hinsicht gut geeignet als Vertreter der Tierwelt auf der Wiese, wobei sie allerdings auch in anderen Lebensräumen zu Hause sind. Sie sind leicht zu finden, rennen nicht weg, lassen sich in Ruhe beobachten und vertragen auch kindliche Neugier. *Weinbergschnecken* unterliegen aber den Bestimmungen der Artenschutzverordnung und dürfen nur mit Erlaubnis der Unteren Naturschutzbehörde gesammelt werden. Wenn lebende Tiere beobachtet und mit ihnen kleine Experimente angestellt werden, so kann man leicht auf Glatteis geraten. Die Biologie als Wissenschaft hat oft eine große Distanz zum Leben. Der italienische Fledermausforscher Spallanzani hat z. B. seine Erkenntnisse über die Echoortung dieser Tiere dadurch erhalten, daß er sie geblendet hat. Vielleicht haben Sie auch noch am Gymnasium in Spiritus getötete Maikäfer zerlegt und die einzelnen Körperteile auf einer Platte mit Nadeln fixiert.

An der Grundschule muß *oberstes Prinzip* sein, daß die Tiere, die wir untersuchen, keinen Schaden an ihrem Leben nehmen dürfen. An Tieren gewinnen wir nicht nur Wissen, Tiere haben für Kinder auch eine Erlebnisqualität, die in der Schule nicht außer acht gelassen werden darf. Man sollte dies nicht als „kindisch" oder „verkitschte Naturliebe" abtun.

1. Körperbau und Bewegung

Nehmen Sie eine *Glasplatte!* Wenn Sie die Schnecke daraufsetzen, können Sie von unten besonders gut beobachten, wie sich der *Fuß* wellenförmig zusammenzieht und ausdehnt, und wie die Schleimspur entsteht. Die Glasplatte können die Kinder auch hochkant stellen und die Fähigkeit der Schnecke bewundern, in der Senkrechten über eine schmale Kante hinweg zu krabbeln. (Dieser Versuch ist auch an der Wandtafel möglich, auf der die Schnecke eine gut sichtbare Spur hinterläßt.) Auch die *Nahrungsaufnahme* ist von unten durch das Glas am besten zu sehen. Durch weitere Versuche klären die Kinder, ob und wie stark die Schnecke auf Lichtreize, Erschütterung der Unterlage oder direkte Berührung reagiert. Wenn sich die Kinder trauen, lassen sie das Tier auch ein Stück auf der Hand kriechen.

2. Ernährung

Setzen Sie die Schnecke in ein *Terrarium* und machen Sie ihr unterschiedliche Nahrungsangebote, neben Pflanzen mit weichen, saftigen Blättern (z. B. Salat) auch Gewürzkräuter (Petersilie, Liebstöckel), haarige Stengel (Borretsch) und Zweigstücke. Apfelbutzen, Karotten, Brennesseln und Kiefernnadeln erweitern das Angebot. Lassen Sie die Kinder jeden Tag nachsehen, was schon verschwunden ist oder Fraßspuren zeigt. Hier tut sich ein weites Forschungsgebiet auf, weil auch die Wissenschaft noch nicht ganz geklärt hat, welche Pflanzen unter welchen Bedingungen verschmäht werden.

3. Schneckeneier

Gehäuseschnecken legen in der Regel im Spätsommer ihre Eier ab. In der Wiese sind sie nur schwer zu finden, im Garten jedoch leichter. Oft genügt es, einen Stein umzudrehen oder beim Umgraben aufzupassen. Es sind kleine, weiße Kügelchen, wobei die Eier von Nacktschnecken und Weinbergschnecken anfangs ganz ähnlich aussehen. Ein Gelege umfaßt etwa 10 bis 30 Eier.

4. Überwinterung

Weinbergschnecken graben sich vor den ersten stärkeren Frösten ein. Oft sind sie auch im Mulch unter Sträuchern verborgen, so daß die Kinder sie leicht entdecken können. Es wird ihnen gleich der *Kalkdeckel* auffallen, mit dem sich die Tiere vor dem Austrocknen im Winter schützen. Nach dem Betrachten werden die Tiere wieder zurückgelegt. Im Frühjahr können sie in ein *Terrarium* im Klassenzimmer mitgenommen werden, um das Absprengen des Kalkdeckels zu beobachten.

Auch leere Schneckenhäuser haben eine ökologische Funktion. In ihnen überwintern die Larven von Glühwürmchen. Sind die Schneckenhäuser mit grünen Pusteln übersät, so war hier eine Wildbienenart am Werk, die das Schneckenhaus als Wohnung für ihre Larven hergerichtet und aus unbekannten Gründen (Tarnung?) mit zerkauter Pflanzenmasse bespuckt hat.

Lösung zu KV 19

Wir beobachten eine Schnecke

So sieht sie aus:

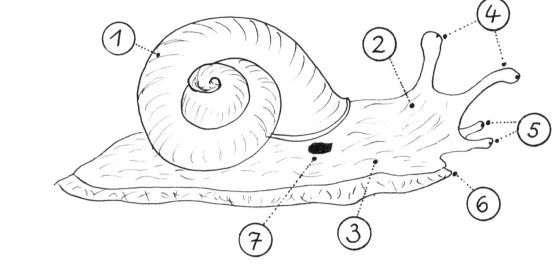

① _____ ④ _____
② _____ ⑤ _____
③ _____ ⑥ _____
⑦ _____

So bewegt sie sich:

Die Schnecke _____
_____
_____

Bei Gefahr _____

Sie hat einen Namen: ____

Schmetterlinge

Schmetterlinge sind Tiere, die Kinder spontan gernhaben und die sie auf einer Wiese leicht beobachten können. Die Wiese gilt ja als der Schmetterlingslebensraum. Allerdings sind die Raupen eher in den Saumbereichen zu finden, während die nektarsuchenden Falter über die Wiese gaukeln. Im folgenden möchte ich Ihnen einige Möglichkeiten zeigen, wie Sie die Kinder für das Leben der Schmetterlinge begeistern können.

Die Entwicklung von Schmetterlingen beobachten

Für Grundschulkinder ist es ein besonderes Erlebnis, wenn sie miterleben können, wie sich Schmetterlinge entwickeln. Sie verfolgen gespannt, wie sich die Raupen verhalten, staunen über die Verwandlung in die starre Puppe und freuen sich, wenn der Falter seine ersten Flügelschläge macht. So baut sich eine Beziehung zu lebenden Tieren auf, die über reines Wissen und oberflächliches Interesse hinausgeht.

Mit etwas Ausdauer können Sie im *Mai/Juni* an Brennnesseln die Raupen von Tagschmetterlingen finden, bei genauerer Suche vielleicht auch deren Eier. In dieser Zeit legen das Pfauenauge, der Kleine Fuchs, das Landkärtchen und der C-Falter ihre Eier an Brennnesseln ab. Nehmen Sie einige Räupchen auf Brennnesselblättern in einer Plastiktüte mit ins Klassenzimmer und legen Sie sie in ein Terrarium oder ein großes Glas, das oben mit Gaze verschlossen wird. Sie müssen mindestens jeden zweiten Tag für Futternachschub, also für frische Brennnesselblätter, sorgen. Wenn Sie Brennnesselstengel in ein Wasserglas stellen, halten sie sich einige Tage frisch. Das Wasserglas darf aber oben nicht offen sein (mit Gaze bedecken), weil die Tiere sonst ins Wasser fallen können.

Das Raupenglas wird eine große Attraktion in Ihrem Klassenzimmer. Die Kinder werden es oft umlagern, um zu sehen, wie es „ihren" Raupen geht.

Je nach dem Entwicklungsstadium, in dem Sie die Raupen angetroffen haben, fressen sie einige Tage bis Wochen, häuten sich mehrmals, verpuppen sich für etwa zwei Wochen und sprengen dann ihre Puppenhaut. Ein unvergeßliches Erlebnis, wenn aus einer unscheinbaren Puppe ein prächtiger Falter schlüpft! Nach dem Aushärten der Flügel sollten Sie ihn bald wieder in die Freiheit entlassen, da er bei Tageslicht umherflattert und sich dabei die Flügel zerstößt.

Beim Freilassen werden sich die Kinder sicherlich fragen, wie es dem Schmetterling wohl weiter ergehen wird. Das führt ohne pädagogische Verrenkungen zu dem weiteren Thema: Was brauchen Schmetterlinge zum Leben? Die Kinder wissen durch die Raupenaufzucht, daß die Raupen Brennnesseln fressen. Bei einem Gang auf die Wiese beobachten sie, daß die Falter nektarspendende Blüten aufsuchen. Sie erkennen, daß Schmetterlinge „Unkraut" brauchen, Wildwuchs und keinen kurzgeschorenen Rasen, um leben zu können.

Schmetterlinge kennenlernen

Der Sommer ist die Hoch-Zeit der Schmetterlinge. Doch schon an warmen Märztagen sind die ersten Tiere, die überwintert haben, zu sehen. Fordern Sie die Kinder auf, darauf zu achten und zu notieren, wann sie die ersten Falter sehen und bestimmen Sie, um welche Art es sich handelt. Wenn die Schüler darauf aufmerksam gemacht worden sind, werden Sie mit Schmetterlingsmeldungen geradezu „eingedeckt". Jeder Schüler bekommt nun ein Bild der beobachteten Art, malt es in den richtigen Farben aus und schreibt den Namen auf. Hierzu können Sie die Zeichnungen auf Seite 56 verwenden. Besonderen Spaß macht es, wenn die Kinder auf diese Weise im Laufe des Frühjahrs und des Sommers ein Schmetterlingsalbum gestalten können, in das die Bilder der jeweils entdeckten Art eingeklebt werden.

Wenn Sie viele Tagfalter auf einmal sehen wollen, sollten Sie an einem warmen, sonnigen Julitag einen blühenden Schmetterlingsstrauch (Buddleia davidii) aufsuchen und die dort umherflatternden Arten beobachten und zu bestimmen versuchen. Solch ein Schmetterlingsstrauch sollte eigentlich an jeder Schule in freier, sonniger Lage auf nicht zu schwerem Boden angepflanzt werden, weil er Schmetterlinge geradezu magisch anzieht und damit hervorragende Beobachtungsmöglichkeiten bietet.

Im vergangenen Sommer haben meine Schüler am Schmetterlingsstrauch folgende Falter beobachtet: Kleiner Fuchs, Pfauenauge, C-Falter, Großer Kohlweißling, Heufalter, Schachbrett, Schwalbenschwanz, Zygänen (Blutströpfchen), Kaisermantel, Scheckenfalter, Distelfalter, Admiral. Allerdings trägt der Strauch nur wenig zum Schmetterlingsschutz bei, da auf ihm keine Raupen leben und die Falter, die ihn besuchen, meistens sogenannte Ubiquisten sind, die nicht stark spezialisiert sind und noch andere Nektarquellen nutzen können.

Beobachtungs- und Erlebnismöglichkeiten am Schmetterlingsstrauch

- Kälteempfindlichkeit von Tagfaltern: Zahl der Tiere an einem kühlen und an einem warmen Tag feststellen;
- Eintauchen des Rüssels in die Blütenröhre beobachten, Länge des Rüssels schätzen, Zerlegen einer Einzelblüte;
- Unterschiedliche Fluchtdistanz der einzelnen Arten und von einzelnen Individuen feststellen;
- Versuchen, einen Schmetterling auf dem Finger krabbeln zu lassen;
- Ober- und Unterseite von Flügeln beim Fliegen und Sitzen vergleichen;
- Die keulenförmig verdickten Fühler als Kennzeichen der Tagfalter erkennen und mit den Kammfühlern von Nachtfaltern vergleichen;
- Füße zählen (sechs, bei den Bläulingen vier);
- Falter mit Beschädigungen suchen (z.B. zerstoßene Flügel, blasse Farben bei älteren Exemplaren, Vogelfaßspuren);

- Flügel von toten Tieren mit der Lupe betrachten, um die Schuppen zu erkennen.

Hinweise zur Pflege von Raupen

Das Sammeln von Schmetterlingsraupen ist nach der Bundesartenschutzverordnung verboten. Die Naturschutzbehörde beim Landratsamt erteilt jedoch eine Ausnahmegenehmigung. Der Große Kohlweißling fällt nicht unter diese Verordnung. Die nebenan beschriebene Raupenaufzucht können Sie auch mit Raupen dieses Kohlweißlings durchführen, die Sie im Juni/Juli (1. Generation) und August (2. Generation) an Kohlpflanzen finden können.

Das Terrarium zur Beobachtung wird mit einem Stück luftdurchlässigen Stoffs abgedeckt, damit die Raupen nicht von Schimmelpilzen befallen werden. Auch volle Sonne ist zu vermeiden. Das Zuchtgefäß sollte alle paar Tage gesäubert werden. Das geht am einfachsten, indem man unten Zeitungspapier hineinlegt. Sie ziehen am besten mehrere Raupen (3–5) im Terrarium auf, da immer wieder einzelne von Parasiten befallen sind und sich nicht entwickeln.

Die Raupen und auch die Puppen sollten *nicht mit der Hand angefaßt* werden, da man sie so leicht verletzen kann. Man läßt sie auf ein frisches Blatt krabbeln oder hilft mit einer Vogelfeder vorsichtig nach. Bei der Verpuppung hängt sich die Raupe an einen erhöhten Platz, z.B. an den Deckel des Zuchtgefäßes oder an ein Aststück. Geringe Abdunklung wird geschätzt. Die Lage der Puppe darf nicht verändert werden. Wird sie abgenommen und auf den Boden gelegt, stirbt das Tier.

Lösung zu KV 21

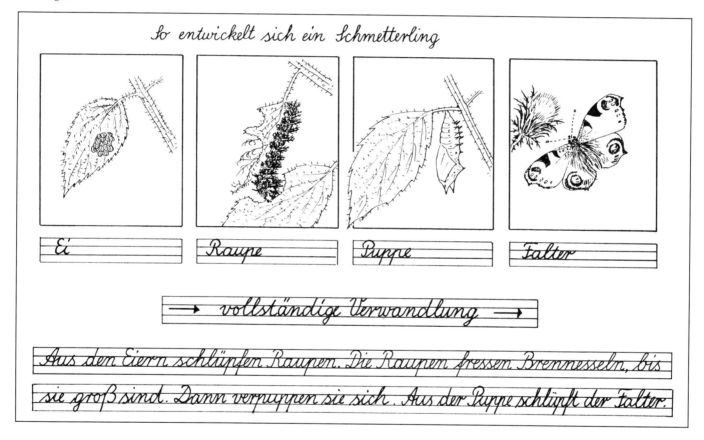

KV 20

oben: Zitronenfalter, Tagpfauenauge, Kleiner Fuchs, Kohlweißling
unten: Schwalbenschwanz, Blutströpfchen (Zygäne), Distelfalter, Bläuling

© R. Oldenbourg Verlag GmbH, München / Miethaner, Umwelterziehung in der Grundschule

Basteln und Gestalten

Lesezeichen

Hierzu brauchen Sie einen Streifen hellen Kartons und getrocknete Wiesenblumen. Die Pflanzen werden aufgelegt und mit Kleber befestigt. Achten Sie auf sorgfältiges Auflegen der Blüten und sparsamen Umgang mit Klebstoff. Besonders schön ist es, wenn neben der Blüte auch noch ein Stück Stengel und ein oder mehrere Blätter aufgeklebt werden. Zum Schutz werden die Lesezeichen mit selbstklebender Folie überzogen und erhalten am unteren Ende noch ein buntes Bändchen.

Blumenbilder

Es gibt vorgefertigte kleine Rahmen aus Holz, rund oder eckig, die sich für kleine Blumenbilder verwenden lassen. Legen Sie den Rahmen auf ein Stück weiße oder leicht getönte Pappe, umfahren die Umrisse und schneiden dann entsprechend aus. Auf diese Pappstücke kleben Sie die gepreßten Blumen, wieder mit etwas Stengel und Blatt, auf. Auf Klarsichtfolie kann hier verzichtet werden. Der Pappkreis wird schließlich am Rahmen festgeklebt und noch mit einem Aufhänger, den es ebenfalls vorgefertigt zu kaufen gibt, versehen.

Einfacher und billiger ist es, wenn Sie die gepreßten Blumen auf Pappe aufkleben, mit Folie überziehen und dann das Bild mit gebügelten, halben Strohhalmen einrahmen.

Phantasiebilder

Eine bunte Mischung von gepreßten und getrockneten Wiesenblumen können Sie auf Papier oder Pappe aufkleben lassen. Tapetenreste eignen sich gut dazu. Die Kinder können Sonne, Wolken, Vögel und Insekten dazumalen und sich so einen Hauch Sommer für kalte Wintertage bewahren.

Auch im Winter sind brauchbare Pflanzenteile auf einer Wiese zu finden, z.B. Moose, verschieden geformte Blätter und Halme. Damit lassen sich winterliche Phantasielandschaften und Urzeitwälder gestalten. Die Kinder lernen staunen über den Formenreichtum der Natur, wenn ihr Blick auf das Kleine gelenkt wird, über das sie gewöhnlich achtlos hinwegschreiten.

Farbdruck mit Blättern

Die Kinder gehen auf die Wiese und suchen dort eines oder mehrere Blätter, deren Form ihnen besonders gefällt. Im Klassenzimmer wird das Blatt auf ein Stück Zeitung gelegt und mittels Linolfarbe mit einem Farbroller eingefärbt. Schwarz wirkt meistens am besten, aber auch andere kräftige Farben können verwendet werden. Besonders gut wirken Blätter mit filigranen Strukturen, z.B. von Schafgarbe, von Farnen o. ä. Das Blatt wird mit spitzen Fingern aufgenommen und mit der Farbseite nach unten auf das Papier gelegt, welches den Abdruck tragen soll. Darüber wird ein Stück saubere Zeitung gelegt und mit der Hand auf diese gedrückt. Nun Zeitung und Blatt wieder sorgfältig entfernen, und fertig ist der Abdruck. Auf diese Weise lassen sich Umschläge für kleine selbstgemachte Heftchen, Liederbücher, selbstgemachte Alben und Bestimmungsbücher gestalten.

Alltagsbasteleien mit Naturmaterial

Bis vor wenigen Jahrzehnten war es üblich, daß die Kinder ihr Material für Alltagsspielereien und -basteleien aus der Natur nahmen: Mit Blättern, Blüten, Holzstücken, Samen, Halmen und Wurzeln wurde mit Phantasie und Geschick gespielt. Heute stehen die Kinderzimmer voll von käuflichen Spielsachen. Das Wissen, wie man mit diesen einfachen, kostenlosen Naturmaterialien umgeht, droht verloren zu gehen und damit auch ein Stück *Beziehung zur Natur*. Wir sollten als Erzieher solche traditionellen Basteleien an die Kinder weitergeben. Von den ungezählten Möglichkeiten seien hier nur einige herausgegriffen:

1. Graspfeife: Das muß jedes Kind können. Ein breiter, kräftiger Grashalm wird zwischen die beiden aneinandergelegten Daumen und Handballen gespannt und kräftig angeblasen.

2. Stengelpfeife: Sie wird aus den Stengeln von Doldenblütlern, wie z.B. Wiesenkerbel, Bärenklau oder Wilde Engelwurz hergestellt. Achten Sie darauf, daß keine Verwechslung mit dem giftigen Schierling vorkommt!

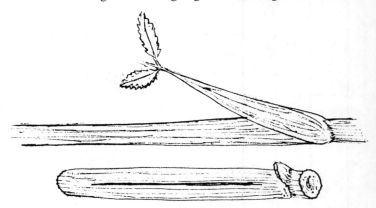

Schneiden Sie ein möglichst langes, gerades Stengelstück in der Weise ab, daß es an einem Ende offen, am anderen durch den Stengelknoten verschlossen ist. Dieser Stengel wird nun auf der einen Seite mit einem Taschenmesser der Länge nach eingeschnitten. Die beiden Enden sollen jedoch nicht eingeritzt sein. Auf kräftiges Blasen in die offene Röhre tritt durch den Ritz Luft aus und erzeugt einen Ton.

3. Löwenzahn: Damit gibt es eine Fülle von Möglichkeiten: Die Stengel werden der Länge nach halbiert und in Wasser gelegt. Sie rollen sich zu herrlichen Locken und Ringeln. Mit den Stengeln können Sie Halsketten oder Wasserleitungen bauen. Die Blüten werden zu Armbanduhren, Ohrenschmuck, Haarreifen oder Brillen. Keine Angst vor dem Löwenzahnsaft! Er schmeckt zwar bitter und gibt braune Flecken, giftig ist er aber nicht.

4. Knallerbse: Taubenkropf (Silene vulgaris) wächst manchmal auf trockenen Wiesen. Er bildet bauchige, weiße Blüten, die mit einem Knall zerplatzen, wenn man sie mit der Öffnung nach unten auf der Hand zerdrückt.

5. Wegerich: Mit dem Blütenköpfchen von Spitzwegerich kann man die bekannten „Granaten" abschießen. Aus Wegerichstengeln (am besten Breitwegerich) können Sie Ketten, Körbchen und Ringe flechten, da sie ziemlich zäh sind. Dazu lassen sich auch viele Gräser mit kräftigen, langen Halmen verwenden.

Ideenkiste

Ameisen

Wenn Sie einen leeren *Blumentopf aus Ton* auf eine Wiese (z.B. die Schulwiese) mit der Öffnung nach unten aufstellen, sammeln sich darunter oft kleine schwarze Weg- oder gelbe Wiesenameisen. Beim Aufnehmen des Topfes ist manchmal schon nach wenigen Tagen ein Erdhaufen darunter zu sehen, der von Ameisen wimmelt, und der ihr Nest darstellt. Mit folgendem Versuch können Sie das noch deutlicher sehen: Sie legen eine *Glasplatte,* etwa in der Größe eines DIN A 4-Blattes, locker auf die Wiese und darauf eine Abdeckung, die Licht und Regen abhält, z.B. ein Holzbrett, eine dünne Steinplatte o.ä. Wenn Sie Glück haben, bauen die Ameisen nun unter die Glasplatte ihr Nest, das man mit seinen Gängen, den umherhastenden Ameisen, den Eiern und den Ameisenpuppen betrachten kann, ohne es zu zerstören. Die Ameisen verlassen allerdings dieses Nest, wenn es längere Zeit belichtet wird. Sie können es aber wieder abdecken und später noch einmal nachsehen.

An und in Gebäuden und Schulhäusern finden sich manchmal *Ameisenstraßen.* Es ist eine ungeheuer spannende Sache, mit den Kindern zusammen die Straße zu ihrem Ausgangspunkt zurückzuverfolgen. Sie kann mehrere zehn Meter lang sein. An der Hauswand ist sie mit farbigen Markierungspunkten gut kenntlich zu machen. Viele kleine *Versuche* bieten sich an: Einen Zuckerwürfel in die Nähe der Straße legen. Wie lange dauert es, bis ihn die Ameisen entdeckt haben? Welche Hindernisse umgehen sie, über welche klettern sie hinüber? Können sie sich an Glas festhalten? Wenn man etwas stark Riechendes, z.B. Parfum, auf die Ameisenstraße (nicht aber auf die Ameisen) aufbringt, wird sie unterbrochen, weil die Tiere einer Duftspur folgen. Wie lange dauert es, bis die Ameisen die Straße wieder „repariert" haben?

Heuschrecken

Das Zirpen der Heuschrecken und Grillen prägt im Hochsommer den Geräuscheindruck der Wiese. Ihre Artenzahl ist in den letzten Jahren deutlich zurückgegangen, da die Vielfalt an Gräsern und Kräutern durch Düngung und häufigere Mahd kleiner geworden, und den Heuschrecken damit teilweise die Nahrungsgrundlage entzogen worden ist. Sie können sie auf einer extensiv gepflegten Wiese leicht entdecken: Wenn Sie durchgehen, springen sie in großen Sätzen zur Seite.

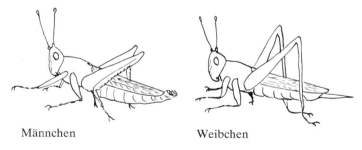

Männchen   Weibchen

Um diese Tiere näher in Augenschein nehmen zu können, müßten einige von ihnen gefangen werden. Dies geht sehr gut mit *Schuhkartons,* deren Deckel man schnell schließen kann. Machen Sie den Kindern aber vorher klar, daß keines der Tiere beim Fangen verletzt werden darf und die verschlossene Schachtel nicht in der heißen Sonne stehenbleiben darf. Wenn die Schachtel ruhig gehalten oder auf dem Boden abgestellt wird, kann man den Deckel langsam entfernen, ohne daß die Heuschrecken gleich weghüpfen. Als Alternative bietet sich an, einen geöffneten, großen Tiefkühlbeutel über die Schachtel zu ziehen. Noch bessere Beobachtungsmöglichkeiten würde natürlich eine Glasplatte erlauben, sie geht aber allzu leicht bei der Jagd auf die „schreckhaften" Tiere zu Bruch.

Lassen Sie zuerst anhand der Beobachtungen über den „sprechenden" Namen Heuschrecke nachdenken! Fordern Sie die Kinder auf, festzustellen, ob sie Weibchen oder Männchen gefangen haben! Weibchen sind deutlich am Legestachel zu erkennen. Prüfen Sie, wodurch man das Tier zu einem Sprung veranlassen kann, z. B. mit Händeklatschen, schnellen Bewegungen, Rufen, Trampeln auf dem Boden, vorsichtigem Anstupsen mit dem Finger usw.! Messen Sie, wie weit eine Heuschrecke mit einem Sprung kommt! Ermitteln Sie den „Weitsprungmeister!" Ist jeder Sprung gleich lang? Lassen Sie mit einer Schnur nachlegen, welchen Sprungweg eine Heuschrecke nimmt!

Sprechen Sie zum Schluß, wenn alle Tiere freigelassen sind, noch einmal über die *Bedingungen,* unter denen man Tiere gefangen halten darf!

Überraschungstopf

Sie beginnen damit im Herbst. Jedes Kind bekommt einen *Blumentopf* (Durchmesser etwa 8 cm), den es mit *sandiger Erde* (etwa 50% Sand) aus dem Schulgarten oder verbrauchter Erde aus Blumenkästen füllt. Es sollte keine neugekaufte Blumenerde sein, da sie Torf enthält und für unsere Zwecke viel zu schade ist. Mit diesem gefüllten Töpfchen gehen die Kinder auf eine Wiese und streuen verschiedene *Samen von Wildblumen* auf die Aussaaterde. Dabei sollten Sie darauf achten, daß von mehreren Arten jeweils wenige Samen genommen werden. Anschließend werden die Töpfchen beschriftet (Stecker oder Bleistift), *nicht gegossen* und weggestellt. Man bringt sie am besten an einen kühlen Ort, der auch dunkel sein kann. Ideal wäre das Freiland, wo die Töpfe z. B. in einem Beet im Schulgarten eingesenkt werden könnten. *Ende März* holen Sie die Töpfchen wieder ins warme Klassenzimmer und beginnen, sie zu gießen. Bald zeigen sich die ersten grünen Spitzen, deren fortschreitendes Wachstum von den Kindern mit Spannung verfolgt wird. Gerade das Überraschende, daß ganz verschiedene Pflanzen zum Vorschein kommen können, macht den Reiz des Versuches aus. Versuchen Sie, die entstehenden Blumen nach den Blättern zu bestimmen! Wenn Sie sie bis zum Blühen bringen wollen, müssen sie in den Töpfchen vereinzelt oder eventuell umpikiert werden. Bei diesem Versuch bietet es sich an, mit den Kindern darüber zu sprechen, daß es in der Natur *kein Unkraut* gibt.

Mit weniger Aufwand (aber auch weniger Spannung) können Sie die Samen im Herbst sammeln und die Töpfchen erst im Frühjahr füllen lassen. Sie können auch einen Blumenkasten für jeweils eine Gruppe oder eine ganze Klasse nehmen. Hierbei ist die Weiterkultur einfacher.

Tau fällt auf die Wiese

M: Ingeborg Becker
T: Lisa-Marie Blum

Ⓟ 12 Ⓟ 1. Tau fällt auf die Wiese; Blume, Blatt und Gras
baden in der Kühle, trinken von dem Naß.

2. Jeder Halm trägt glänzend, regenbogenbunt,
eine blanke Perle, seifenblasenrund.

Tautropfen-Musik

Mit dem Glockenspiel, dem Xylophon oder mit dem Flaschenklavier
kann eine Begleitmelodie zum Beispiel so aussehen:

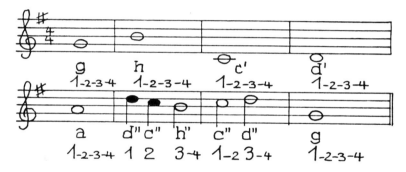

Versuche es einmal abzuspielen! Bevor du aber spielst,
klatsche und zähle den Rhythmus der Melodie.
An den Buchstaben auf dem Glockenspiel
und dem Xylophon erkennst du, wo die Töne liegen.

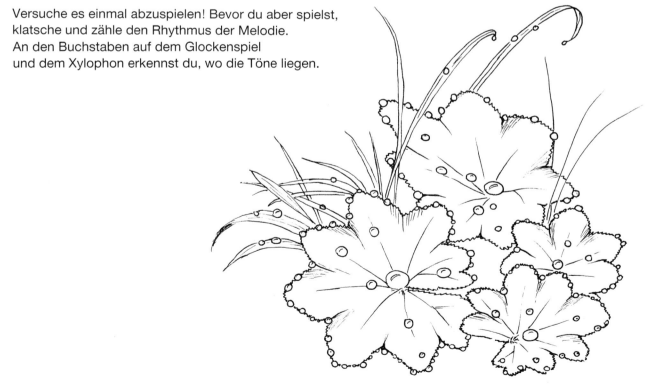

Silberne Laternchen

Die goldne Pracht hat ausgeblüht.
Die kleinen Sonnen sind verglüht.
In silbernen Laternen glimmt
ihr Licht, bevor es Abschied nimmt,
bevor der Wind es rund verweht
und neue gold'ne Sonnen sät.

H. E. Blaich

Literatur

1. Kapitel

Engelhardt, W.: Was lebt in Tümpel, Bach und Weiher? Stuttgart 1986: Franckh'sche Verlagsbuchhandlung
Bestimmungsbuch, viele Tierarten abgebildet, weniger für Grundschüler geeignet

Jorek, N.: Leben am Teich. Stuttgart/Zürich 1986: Belser Verlag
Beschränkte Artenzahl, sehr gute Texte und Bilder, auch für Schüler geeignet

Kremer, B: Aktion Ameise: Wir tun was für naturnahe Gewässer. München Schneider-Verlag
Ein Buch für Kinder, das zum Mitmachen auffordert

Schreiber: Rettet die Frösche. Stuttgart 1983: BUND Verlag
Umfassende Informationen über Biologie, Verhalten, Verbreitung, Gefährdung und Schutz von Amphibien

2. Kapitel

Cornell, J. B.: Mit Kindern die Natur erleben. Oberbrunn 1979: Ahorn Verlag
Das Buch bietet eine Fülle von Ideen zum Spielen in und mit der Natur.

Knirsch, R.: Unsere Umwelt entdecken. Frankfurt am Main 1988: Wolfgang Krüger Verlag
Spiele und Experimente für Eltern und Kinder, die auch in der Schule einsetzbar sind.

BUND Jugend: Umwelt mit Kindern erleben, Schwerpunktthema Bäume. Bonn 1987
Viele Tips, Bastelanleitungen, Spielvorschläge, Heft DIN A4

Schweizer Zentrum für Umwelterziehung SZU: Wald erleben, Wald verstehen. Zürich 1982
Umfangreicher Ordner mit Hintergrundinformationen, Kopiervorlagen, Arbeitsvorschlägen, Ideenbörse

Lucht, I.: Die Baumuhr. Das Jahr der Bäume. München 1978: Heinrich Ellermann Verlag
Kinderbuch mit sehr schönen Bildern

Vester, F.: Ein Baum ist mehr als ein Baum. München 1985: Kösel-Verlag
Ein Fensterbilderbuch, das den Wert eines Baumes zeigt, und zwar nicht nur den Holzwert. Für ältere Schüler.

Brown, L.: Welches Tier ist das? Spuren und Fährten europäischer Tiere. Stuttgart 1985: Kosmos
Spuren, Fährten, Nester, Eier, Gallen, Kot, Baue, Schädel und Gespinste von Tieren

Trommer, G.: Fuß-Boden-Erfahrung oder Blinde Barfußraupe in: Umweltarbeit im Deutschen Heimatbund. Band 6; Bonn 1986
Vergnügliche Naturerfahrung

Kuhn, K.; Probst, W.; Schilke, K.: Biologie im Freien. Stuttgart 1986: J. B. Metzler'sche Verlagsbuchhandlung
Eine Fundgrube für viele Freilandaktivitäten

Hedewig, R.: Der Naturlehrpfad. Wetzlar 1985
Vorschläge und Beispiele zu Einrichtung und Gestaltung von Naturlehrpfaden. Bezug: Naturschutzzentrum Hessen, Friedenstr. 38, 6330 Wetzlar

3. Kapitel

Aus Schweizer Zentrum für Umwelterziehung: Artenvielfalt der Naturwiese
s. a. Umweltservice des WWF-Deutschland und des Schroedel Schulbuchverlags „Der Natur ihren Lauf"

Handel, A.: Pflanzen der Wiese. München 1984: BLV-Verlagsgesellschaft
Kleines Bestimmungsbuch für Schüler mit stabilem Einband, geordnet nach Blütenfarben

Auf der Wiese. Finken-Impulse-Verlag 1986
Kleines Sachbuch für das 1. und 2. Schuljahr

Aichele, D.; Gotsche-Bechtle, M.: Was blüht denn da? Kosmos Naturführer, Stuttgart 1986: Franckh'sche Verlagsbuchhandlung
Bestimmungsbuch, nach Blütenfarben geordnet, für ältere Schüler und Lehrer

Sauer, F.: Raupe und Schmetterling. Karlsfeld 1985: Fauna-Verlag 1985
Zur Bestimmung nach Farbphotos

Stöcklin-Meier, S.: Naturspielzeug. Ravensburg 1987: Otto Maier
Viele Alltagsspielereien und -basteleien mit Naturmaterial

Blaich, H. E.: Silberne Laternen. Aus: Kranz des Lebens. Braunschweig 1968: Westermann Verlag

Für Notizen: